O Poder da Umbanda

TRANSFORMAÇÃO DO TERREIRO PARA A VIDA

Rodrigo Queiroz

O Poder da Umbanda

TRANSFORMAÇÃO DO TERREIRO PARA A VIDA

MADRAS®

© 2019, Madras Editora Ltda.

Editor:
Wagner Veneziani Costa

Produção e Capa:
Equipe Técnica Madras

Revisão:
Arlete Genari
Silvia Massimini Felix
Ana Paula Luccisano

Copidesque:
Julia Pereira

Dados Internacionais de Catalogação na Publicação (CIP)
(Câmara Brasileira do Livro, SP, Brasil)

Queiroz, Rodrigo
O poder da umbanda : transformação do terreiro
para a vida / Rodrigo Queiroz. -- São Paulo : Madras,
2019.

ISBN 978-85-370-1171-3

1. Umbanda (Culto) 2. Umbanda (Culto) - História
3. Umbanda (Culto) - Origem 4. Umbanda (Culto) -
Rituais I. Título.

19-23592 CDD-299.672

Índices para catálogo sistemático:

1. Umbanda : Religião 299.672
Cibele Maria Dias - Bibliotecária - CRB-8/9427

É proibida a reprodução total ou parcial desta obra, de qualquer forma ou por qualquer meio eletrônico, mecânico, inclusive por meio de processos xerográficos, incluindo ainda o uso da internet, sem a permissão expressa da Madras Editora, na pessoa de seu editor (Lei nº 9.610, de 19/2/1998).

Todos os direitos desta edição reservados pela

MADRAS EDITORA LTDA.
Rua Paulo Gonçalves, 88 – Santana
CEP: 02403-020 – São Paulo/SP
Caixa Postal: 12183 – CEP: 02013-970
Tel.: (11) 2281-5555 – Fax: (11) 2959-3090
www.madras.com.br

Dedico esta obra à Umbanda!

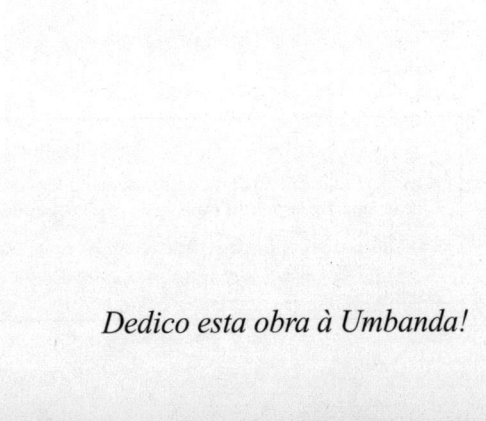

Nota do Editor

A Madras Editora não participa, endossa ou tem qualquer autoridade ou responsabilidade no que diz respeito a transações particulares de negócio entre o autor e o público.

Quaisquer referências de internet contidas neste trabalho são as atuais, no momento de sua publicação, mas o editor não pode garantir que a localização específica será mantida.

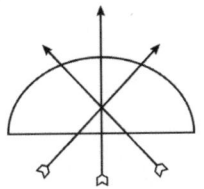

Agradecimentos

Minha profunda gratidão ao meu amor, Thaís Queiroz, que tanto me felicita pela experiência diária da parceria, da família, da espiritualidade, e me ajuda a tirar de mim o meu melhor!

Ao meu grande irmão e parceiro Alexandre Cumino, com quem tenho o prazer de deixar uma história de tremendo sucesso neste nosso propósito de levar ao mundo inteiro a bandeira de Oxalá.

Ao amigo e editor Wagner Veneziani Costa, por acolher e facilitar esse caminho a todos nós que escrevemos sobre e para a Umbanda.

Aos filhos de fé, colaboradores, amigos, alunos, leitores, seguidores que justificam, pelo carinho de sempre, todo esforço necessário para que a mensagem chegue cada vez mais longe!

Em memória especial ao Pai e Mestre Rubens Saraceni, que iniciou toda essa revolução conceitual e literária dentro da religião e que, sem ele, antes, eu não estaria aqui.

Rodrigo Queiroz

<www.opoderdaumbanda.com.br>

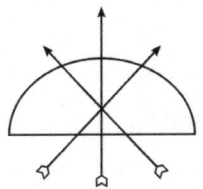

ÍNDICE

Apresentação 11

Introdução 13

Parte I – RELIGIÃO FENÔMENO 17

Em Busca da Verdade 19

    Religião de liberdade 22

    Religião fenômeno 24

Umbanda não Revelada 27

Parte II – POR DENTRO DO TERREIRO 37

Por Dentro do Terreiro 39

A Gira – Culto de Umbanda 45

Parte III – PILARES DA RELIGIÃO 53

Incorporação e Consulta 55

Contato com a Religião 61

Crenças da Umbanda 63

    Umbanda, uma religião monoteísta 63
    Origem sétupla da criação 69
    Entidades de Umbanda 70
    Linhas de trabalho espiritual 75
    Tudo de que preciso os guias me ensinam 79
    Mediunidade 80
    Umbanda, uma religião mágica 83
Parte IV – FILOSOFIA UMBANDISTA 97
Do Terreiro para a Vida 99
    Reencarnação 99
    Destino é um paradoxo 106
    Missão 113
Propósito de Vida 119
Tradição na Umbanda 121
    Hábito 125
Crenças Fundamentais 129
    Umbanda: uma ideia livre 132
Epílogo — O fantasma da assepsia 141

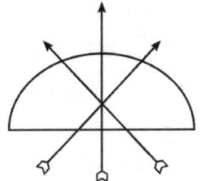

Apresentação

Poucas pessoas têm o "poder" de alguma coisa. Por exemplo, o poder de organizar, de sintetizar, de resumir, de apresentar algo de uma forma simples e objetiva. E esse é um "poder" de Rodrigo Queiroz aqui neste livro. Poucas pessoas têm o "poder" de realizar, de fazer, de colocar em prática e de escrever; esse também é um "poder" de Rodrigo Queiroz.

"Poder" é uma capacidade ou um dom, mas é também uma autoridade, uma soberania, um império. Rodrigo Queiroz é sem dúvida um "Poder" na Umbanda, em virtude de sua capacidade de realização, que já vem de muitos anos de amor e relacionamento com a religião, a cultura e a mística que envolvem esse universo infinito que começa dentro de cada um de nós e se perde no próprio Criador com suas Divindades Orixás.

Ainda assim é possível refletir: Rodrigo Queiroz é um poder na Umbanda ou a Umbanda é um poder na alma de Rodrigo Queiroz, e assim em sua vida e na comunidade na qual se insere?

Hoje dizemos que somos isso, ou seja, Rodrigo Queiroz é a Umbanda e a Umbanda é Rodrigo Queiroz; dessa forma, aqui está o poder de realização da Umbanda em nós! O Poder da Umbanda é infinito, no entanto, entre tantos aspectos, podemos citar o poder de realização dos Orixás em nossas vidas, que por si só já é transformador e arrebatador. Há o poder do ritual, dos guias, das Oferendas, do amor, da fé, de Cristo, dos Anjos e de nós mesmos, como parte do Todo que engloba e transcende todas as coisas.

Se imaginarmos todos esses poderes ao mesmo tempo como partes de um poder maior e que o Todo é realizado em cada uma de suas partes por inteiro, então estaremos dando início a um mergulho no mistério maior, e este é O Poder da Umbanda!!! Quer saber mais? Então se delicie com esse poder.

Ao meu amigo, irmão e parceiro Rodrigo Queiroz, nosso agradecimento por trazer à luz mais uma excelente obra que vem para somar e multiplicar com nosso Amor à Umbanda.

Alexandre Cumino

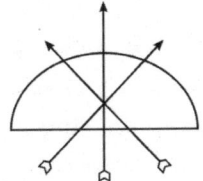

Introdução

Eu tinha 13 para 14 anos quando tive o primeiro contato com a Umbanda. Nesse contexto, estava evangélico por influência de um grande amigo à época.

Vivia uma trágica adolescência, pouco depois do divórcio de meus pais, que foi um período de trevas para minha família. Tudo era muito confuso; desequilibrado e desestruturado, eu vivia no limiar entre me colocar em situações de risco para que talvez percebessem que algo estava impactando ali ou mesmo para que, à medida que me machucasse, pudesse machucá-los.

A adolescência por si só é um período delicadíssimo e, se quem estiver adolescendo passar por enfrentamentos maiores, pode ser ainda mais trágico.

Embora esse fosse o contexto, algo em mim buscava alguma lucidez, e assuntos de religião me atraíam...

Eu era para dar errado!

Houve um período em que um amigo de meu pai, que era médium – assim ele se identificava –, começou a fazer umas reuniões na casa de meu pai. Eu sempre me esquivava e sempre meu pai vinha com algum recado de uma tal entidade: "Tranca-Ruas das Porteiras". Como habitual, era alguma cobrança de comportamento e eu virava o jogo dizendo que aquilo era coisa do Diabo, querendo causar discórdia. Sabia que meu pai tinha dúvidas sobre até onde aquelas "coisas" eram mesmo de "Deus" ou não. Assim, eu encerrava as investidas de sermões.

Contudo, após acontecimentos estranhos comigo, resolvi aceitar participar de um trabalho.

Nessa ocasião achei tudo mais cômico do que interessante, até o momento em que, após as passagens de Caboclo, Baiano e Preto-Velho, manifestou-se o tal "Tranca-Ruas", que ao incorporar já caiu sentado e, no primeiro ato, travou o olhar comigo e pôs-se a falar coisas sobre minha semana que só eu sabia e, pasmem, não era para o meu pai saber!

Além do arrepio que percorreu meu eixo (espinha, risos), eu pensei: "Caramba, acho que esse negócio aí é de verdade!".

Sentei junto com ele, e ali por algumas horas essa entidade me respeitava, me acolhia, conversava e interagia como igual. Eu não era o adolescente problemático, muito pelo contrário, havia uma lisonja no ar. E isso foi impactante.

Desde então, esta e outras entidades diziam que eu era médium e precisava desenvolver a mediunidade, mas sempre me esquivei, até o dia em que não precisaram mais de palavras.

Era uma manhã ensolarada, estávamos fazendo um trabalho de fortalecimento espiritual para meu pai em uma cachoeira. Em determinado momento me afastei um pouco, sentei em um morro e olhava de lá o que faziam.

De repente senti uma vertigem, minha visão escureceu e comecei a enxergar a queda da cachoeira como luz em movimento. Eu via índios, crianças e negros velhos dentro do rio em um movimento incessante e, em um piscar de olhos, essa "miragem" sumiu.

Fui tomado por um impulso e, emocionado, corri em direção àquele médium que naquele exato momento estava tremendo todo, incorporando o Pai José do Toco. Quando me aproximei, ainda tropecei e caí de joelhos ao pé do Preto-Velho, que tocou minha cabeça e falou: "Fio, gostou do que viu?".

Chorando de emoção, só pude responder: "Senhor, se é disso que vocês estão falando, se é para ser parte disso, eu estou aqui para aceitar desenvolver a mediunidade".

Assim, resumidamente, se deu meu contato e descoberta da religião e da mediunidade.

Nesses primeiros eventos eu não tinha ideia exatamente, mas já experimentava o poder transformador da Umbanda!

Quando me dei conta, já tinha dado um salto na adolescência, assumido responsabilidades, crescido e vivia um engajamento em um ideal de amor à religião.

Com o tempo, descobri a diversidade e as adversidades nesse ambiente religioso, pontos de convergência e divergência.

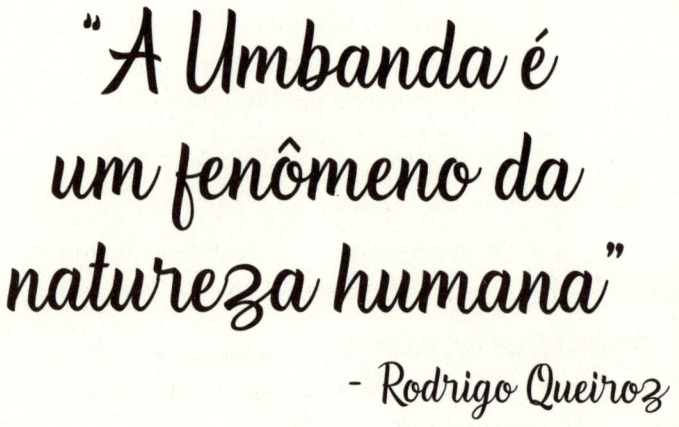

"A Umbanda é um fenômeno da natureza humana"

– Rodrigo Queiroz

Parte I

Religão Fenômeno

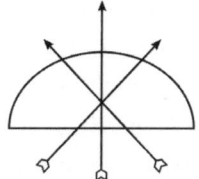

Em Busca da Verdade

Em certo momento, eu estava estudando muito a Umbanda e tudo era novo para mim. Aquele universo estava sendo descortinado e, por isso também, tudo vinha sem muito critério, tinha contato com muitos autores e versões diferentes.

É natural que nesse instante as coisas estejam difusas e com esse intelecto ainda imaturo você chega a um ponto de exaustão. Essa canseira dentro de nossa construção intelectual, especialmente no que tange ao universo religioso, nos faz repensar se faz algum sentido tudo o que está posto até aquele momento sobre a "verdade" da religião.

No primeiro contato e nos primeiros anos com a Umbanda em particular, é tudo muito fascinante, encantador e apaixonante; você só consegue se relacionar com tudo isso como um apaixonado mesmo. E a partir do momento em que você tenta intelectualizar algo que só o coração pode explicar... é como querer descrever a pessoa amada: você se esforça, mas não consegue, porque ao tentar racionalizar aquilo que é amor, que é paixão, faltarão sempre palavras.

Por isso, nesse período inicial de estudos e de busca por entendimentos, almejava sempre alicerçar essas compreensões, porque é da minha natureza também ponderar o amor, a paixão, em um sentido lógico. Eu, claro, precisava saber onde estava pisando, ainda mais em se tratando da Umbanda, uma religião tão controversa e mal compreendida. E quando falo isso também me remeto a essa época entre 1996 e 1997, quando o que havia era um ambiente hostil onde todos eram "donos da verdade".

Com tudo isso fui ficando agoniado e pensei até que eram os mais antigos que estavam certos, pois diziam que era bobagem estudar e que o certo mesmo era ir para o terreiro, incorporar e esperar que o guia soubesse e dissesse tudo, afinal, "médium bom é médium que não sabe nada".

Em um momento de exaustão, quando você já está cansado de pensar sobre tudo aquilo porque é tanta confusão e absurdo que no papel é permitido que seja impresso, eu resolvi, durante uma consulta em um terreiro com um Preto-Velho, falar sobre essa angústia. "Está tudo difícil, eu tenho estudado tanto a Umbanda.."

Eu era muito jovem, tinha em torno de 17 anos, e ele, como todo Preto-Velho, como todo vô, foi muito acolhedor; abraçou-me e disse: "Filho, a Umbanda é simples, basta praticá-la com simplicidade".

Ali a angústia se encerrou, porque quando o Preto-Velho, em sua sabedoria divina, depois de me ouvir por aproximadamente meia hora, só disse isso, pude entender que o universo intelectual que eu precisava acessar e que tentava construir em mim, naquele momento, pelo menos não impactaria ou não deveria alterar minha relação simples e ainda simplória de viver e fazer a Umbanda.

De alguma maneira há uma distância entre o entendimento filosófico, intelectual, teológico da religião e a prática final de terreiro. É confuso isso. Hoje eu diria que concordo com o Preto-Velho, a Umbanda é simples, basta ser praticada com simplicidade, até porque quem a pratica de fato, no exercício ápice do terreiro, é a mediunidade, é o médium em transe, e são os mestres do conhecimento, da Luz, da evolução que se manifestam ali. Esses espíritos, justamente pelo patamar em que se encontram, são muito simples. Eles realizam muita coisa, com muito pouco. Falam muito, com poucas palavras. Isso é típico de espíritos ascencionados.

Por isso, o que esse Preto-Velho está dizendo é que, quando for praticar a Umbanda, deixe a Umbanda acontecer. E quando ela acontece? Quando o guia está manifestado. Não é quando eu estou chamando, puxando os pontos, não é nada disso! A Umbanda acontece quando o guia está em terra. Quando ele se manifesta, é ele quem fala, é ele quem faz e é muito simples. Menos é mais em um terreiro de Umbanda, Deus é palpável e de uma forma muito simples, muito serena, muito brasileira.

Mas, quando saio do transe, eu vivo uma realidade e aí preciso ter um pensamento lógico, um entendimento, para também poder dialogar. O que o guia já sabe é o que eu busco e ele não vai me dizer, porque isso faz parte de nossa jornada.

Você pode praticar e viver a Umbanda sem nunca ter lido uma frase sobre a religião. A prática da Umbanda não necessita de entendimento técnico, teológico, intelectual ou filosófico, mas eu diria que é fundamental. Então os praticantes se dividem entre aqueles que sabem o que fazem, pensam sobre o que praticam, refletem sobre o que são a partir daquilo e, ainda, se atentam ao impacto exercido pela religião em suas vidas fora do ambiente de terreiro. Penso que essa vivência só poderá ser produtiva a partir de uma reflexão. Se você não reflete sobre aquilo que vive dentro do terreiro para levar essa bagagem para fora dali, então em algum momento acaba deixando muito a perder.

Falando nisso, eu pontuo que a Umbanda é simples porque é praticada com simplicidade; contudo, é complexa em seu entendimento, e é quando paramos para refletir sobre os aconselhamentos objetivos das entidades que constatamos sua complexidade!

Religião de liberdade

Neste início do século XXI, vemos a Umbanda agregando muitos jovens em um público que busca uma relação com a vida alternativa. O que seria o alternativo? Podemos entender como o leve, o fora dos padrões, e de alguma maneira isso sinaliza liberdade. Mas, quando chegamos ao conceito de liberdade, nos deparamos com uma das coisas mais difíceis de se explicar e entender. E quando pontuamos a liberdade na relação com Deus e o que vem a ser um religioso livre, esse assunto fica cada vez mais delicado.

O que é a liberdade na vida espiritual? Eu não tenho de seguir inúmeras regras e preceitos morais? Qual o sentido da religião se ela não me aprisiona nem me impede de ser o esculhambado? O que é tudo isso, quando falamos sobre liberdade na religião?

A Umbanda é uma religião libertadora e de liberdade. Eu sou umbandista porque sou livre. O que quero dizer quando afirmo isso? Ser livre é não precisar medir consequências? Que consequências são essas? Com o Divino? Ou com a vida e a sociedade?

Reconhecemos que tudo no Universo está interconectado como em uma imensa e delicada teia, de modo que o que faço reverbera por todas as conexões em diversos níveis de frequência, e tudo que eu reverbero retorna em mim a qualquer momento infalivelmente, portanto, há uma Lei Divina, que é essa lei imutável do universo. E existirão milhares de diferenças, porque às vezes o que nós queremos pode ser um desequilíbrio. Não se trata de ser livre para matar alguém, mas de entender as consequências do que é assassinar alguém, porque se você quiser fazer isso você faz, mas tudo tem uma devolutiva.

A liberdade não pode ser confundida com libertinagem. Liberdade não é uma vida sem consequências, porém você é livre para ser o que desejar. Quando você chegar ao momento em que esta leitura se dedica a explanar sobre o propósito de vida, perceberá que para ensejar um propósito é necessário que você viva a liberdade e, a partir disso, construa sua própria realidade.

Eu diria que nesse ponto a Umbanda é uma religião sistêmica – como poucas – e que em todos os seus momentos busca encaminhar o indivíduo para o encontro de seu propósito de vida.

Embora eu afirme isso categoricamente, não é o que acontece na prática, pois dentro desse processo e do cotidiano, observa-se não com tanta dificuldade diversas formas de manipulação que estão arraigadas nos ambientes de terreiro.

Isso resulta na distância do que se destina a Umbanda como ideal espiritual, manifestada pelos espíritos no plano astral, e o que ela se torna nessa realidade física, quando os guias encontram nesses encarnados indivíduos com suas crenças, verdades e interpretação de mundo particulares, transformando essas relações, consciente ou inconscientemente, em um *religare* muito particular.

O objetivo desta obra é fazer, acima de tudo, uma apresentação da religião, ser a porta de entrada da Umbanda, mas também saber que ela é revolucionária nesse sentido. Você pode praticá-la e vivê-la de muitas maneiras, mas o que eu proponho aqui é uma vida religiosa alicerçada na reflexão. Desejo a você, leitor, um excelente mergulho nesse descortinamento do que vem a ser a Umbanda.

Religião fenômeno

As perguntas básicas para quem busca entender a Umbanda são: o que é Umbanda? Como surgiu? E no que acredita?

Durante muitos anos, seus intelectuais e historiadores vieram compilando documentos e isso, claro, é essencial para o alicerçamento de qualquer religião ou evento social. Nesse combinado de reflexões, a resposta se manteve sempre muito objetiva: a Umbanda é uma religião brasileira, anunciada em 1908 por Zélio Fernandino de Moraes, em Niterói, etc. Independentemente dessa história, eu quero aqui que você perceba mais a providência Divina na Criação e no sentido espiritual de seu surgimento, do que propriamente a história factual de sua anunciação.

Esta narrativa em que você começa a se envolver agora trata do que entendo sobre o outro lado.

A Umbanda é uma religião brasileira, originada em solo brasileiro e que não tem a pretensão de ser, embora muitos discordem, o resgate de outras crenças, como acontece no Candomblé – que se caracteriza como uma religião afro-brasileira porque surge em solo brasileiro com o objetivo de resgatar, resistir e perpetuar a cultura religiosa africana. A religiosidade candomblecista tem início no ambiente das senzalas e na fé vivida pelos africanos escravizados, que durante a **Diáspora Africana**[1] comungavam diversas tradições, evocando suas divindades e práticas. Dessa forma, o Candomblé é uma religião de resistência e de retorno à África em solo brasileiro e, por isso, afro-brasileira.

A Umbanda, embora agregue os elementos que compõem o Brasil, não tem por objetivo resgatar nenhuma tradição. Junto dela se disseminam a cultura e a religiosidade do índio, do negro, do europeu, do asiático, do oriental e, mais tarde, as miscigenações. Quando começamos a explicar sobre a manifestação dos povos baianos, dos malandros, boiadeiros, etc., estamos tratando desses mestiçamentos em um fenômeno cultural pós-descoberta e assentamento da identidade brasileira.

---

1. Também chamada de Diáspora Negra, nome que se dá ao fenômeno sociocultural e histórico ocorrido no continente africano em função da imigração forçada por motivos escravagistas.

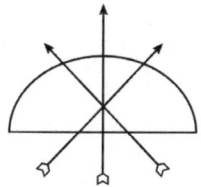

Umbanda Não Revelada

Embora a Umbanda tenha sido fundada pelo Caboclo das Sete Encruzilhadas por intermédio de Zélio Fernandino de Moraes, não podemos considerar seu surgimento uma "revelação". Constantemente somos questionados por teólogos e religiosos de outras denominações sobre qual seria o livro sagrado da Umbanda. Questão essa que, por mais simples que pareça ser responder, é complicada. Eu afirmo isso na posição de quem há pouco tempo escreveu sobre esse assunto em uma visão romantizada e menos teológica, afirmando que a Umbanda considera que seu livro sagrado está na natureza, nas matas, nas cachoeiras, nas montanhas, enfim, mas a realidade é outra. Afirmar que a Umbanda não tem um livro sagrado implica responder no que ela se baseia, e hoje, mais de um século depois de seu surgimento, uma das grandes problemáticas da religião é que nós, umbandistas, não conseguimos dialogar.

Cada segmento irá se posicionar de uma forma e, por não existir em sua origem teológica um livro consagrado a ela, como por exemplo o que Allan Kardec fez com o Espiritismo, a Umbanda se conceitua como uma crença livre, não institucionalizada, descentralizada, desprovida de papado; e é importante sinalizar que eu concordo que não haja de fato esse líder. Contudo, nesta obra convoco a todos os umbandistas a pensar sobre o quão importante é termos um ponto comum de reflexão dentro da religião, no qual os achismos e interpretações particulares sobre essa crença percam cada vez mais força.

Complementando minha citação sobre Allan Kardec, saliento algo importante: nenhum espírito pode vir em um ambiente espírita e rasgar o **Evangelho segundo o Espiritismo**,[2] porque essa é a base moral da doutrina. O que pode acontecer é vir o novo, como já se observou no próprio movimento espírita, mas a sustentação é uma: a obra de Allan Kardec.

Portanto, o que enfatizo aqui é que a Umbanda é, acima de tudo, um fenômeno espiritual.

Quando acontece o dia fatídico em que Zélio de Moraes, um garoto de 17 anos, em meados de 1908, entra em contato com a Umbanda – e se atente a essa data, estou dissertando sobre algo que remonta ao início do século passado, em um momento no qual não existia televisão nem rádio, e quando tudo o que vivemos com o advento da internet hoje era considerado ficção científica –, a realidade era precária, a comunicação levava dias e até mesmo meses para acontecer, tudo era diferente. A educação recebida por Zélio, por exemplo, era militar, uma constante àquela época. Por isso, também, a imposição de limites hierárquicos era algo muito presente nas relações sociais. Os

---

2. Obra de Allan Kardec publicada em 1864 de maior enfoque religioso, trata das questões morais e éticas em uma releitura adaptada do Evangelho Cristão.

valores eram totalmente distintos, interromper a fala de alguém mais velho, por exemplo, era considerado uma ofensa.

Eu faço esse recorte porque a maioria das literaturas que apresentam o diálogo do Caboclo das Sete Encruzilhadas no instante em que se anuncia uma nova religião não aborda a questão do contexto histórico, social e cultural vivido naquele momento. É de suma importância que se ponderem todos esses aspectos que permeiam a história do então garoto de 17 anos, criado no seio de uma família católica, que foi levado até um centro espírita no último ato de sua mãe ao tentar curá-lo de sintomas que faziam com que ela acreditasse que o filho estava beirando a loucura. Será essa ambientação a cena que nos trará clareza de sentido, nas relações estabelecidas durante o diálogo do Caboclo com os dirigentes da sessão.

A mãe de Zélio, aconselhada por uma benzedeira, que também não era um ofício bem-visto por aquela sociedade católica, passa por cima dos valores morais estabelecidos por sua fé, indo ao encontro do que poderia ser a cura de seu filho. Ao chegar à Federação Espírita de Niterói, ela se depara com um modelo de ritualística espírita ortodoxo, vivenciado na fase de desenvolvimento do Espiritismo no Brasil, quando **Chico Xavier**,[3] responsável por trazer uma aura mais religiosa ao segmento, ainda estava prestes a nascer.

---

3. Francisco Cândido Xavier, nascido em 2 de abril de 1910, maior expoente mediúnico e líder espiritual do país. Em 2012, foi eleito "O Maior Brasileiro de Todos os Tempos", aquele que fez mais pela nação e seu legado. Conta-se que escreveu mais de 450 livros, vendeu mais de 50 milhões de cópias e redigiu gratuitamente mais de 10 mil cartas mediúnicas.

A postura dessas casas era prioritariamente centrada na teoria francesa de Kardec, e durante gravações do próprio Zélio Fernandino divulgadas no site da Tenda Espírita Nossa Senhora da Piedade (tensp.com.br), é possível constatar o relato de que aquela mesa era constituída toda por homens mais velhos, de cabelos brancos e que, ao permitir que Zélio Fernandino se juntasse a eles, estavam abrindo uma exceção em virtude da circunstância em que o jovem se encontrava.

Já no início da sessão, Zélio levanta de seu lugar interrompendo os dirigentes, vai ao quintal e colhe uma rosa branca, a qual ele coloca no centro da mesa, proferindo a frase "está faltando uma flor aqui". Tenho uma teoria particular. Acredito que Zélio colocou a rosa na água da jarra que estava posta para a fluidificação. Nessa minha cogitação particular, muito provável por sinal, somente esse ato já foi um insulto descomunal... Contudo, a sessão teve continuidade.

Ao se dar por aberta, começam a acontecer coisas inusitadas e proibidas àquele protocolo. Nesse momento, manifestam-se espíritos de velhos escravos, de índios, identificando-se como Preto-Velhos e Caboclos. Os diretores da mesa ficam apavorados com a situação e dizem que ali não é o lugar daqueles espíritos. Questionam onde estão os espíritos dos doutores, médicos e filósofos que eles eram acostumados ao contato naquela mesa. Nesse contexto de 1908 – de regras comportamentais terríveis –, esse jovem de 17 anos que foi até lá com a esperança da cura de um problema pedindo por ajuda espiritual levanta da mesa, e já alterado e desconfigurado, indaga: "Por que esses espíritos não podem se manifestar? Por que estes, apesar de simples, não podem vir aqui trabalhar e ensinar?".

Embora mais uma vez essa história esteja sendo posta no papel, não manifesta as emoções que eu gostaria que você sentisse. Eu o convido a refletir comigo nesse contexto. Ele não falou em um tom baixo nem de forma amorosa, ele estava indignado, furioso; como você estaria?

Era um menor de idade dirigindo-se a senhores, autoridades no assunto mediunidade e espíritos, e ele afronta, confronta, desrespeita e transgride as normas, o bom comportamento, a boa educação e o protocolo. Instaura-se uma discussão, pois ele estava alterado e gritava, dizendo: "Por que não podem, esses espíritos simples, trazer suas mensagens? Quem são vocês? Por que vocês ainda continuam colocando limites além da morte?". Para não dizer: por que vocês ainda continuam alimentando esse preconceito social além do túmulo?

O clarividente da sessão constata que tem ali um espírito falando por meio desse jovem, e questiona: "Quem é você que está aí colocando em xeque nossa doutrina?

Assim ele responde: "Se é preciso que eu tenha um nome, então ele é Caboclo das Sete Encruzilhadas, porque para mim não haverá caminhos fechados".

Mais uma vez ele é questionado pelo clarividente: "Você diz que é um índio, mas o que eu vejo são vestes clericais que se assemelham mais a um padre". E responde: "O que você vê sou eu em outra vida, onde eu vivi como frei Gabriel Malagrida, morto pela Inquisição, e Deus me concedeu a misericórdia de nascer entre os índios".

Nesse trecho do diálogo abrimos um parêntese, pois é interessante saber um pouco da trajetória de frei Gabriel, um jesuíta que veio em missão ao Brasil na época da colonização. Como todo jesuíta, ele tem como objetivo catequizar os povos nativos, buscando arregimentá-los para o trabalho braçal e conter seus motins contra os colonizadores.

Mas esse representante católico começa a se envolver com a cultura dos índios e acaba entrando em defesa daquela minoria perante a situação de vida que lhes era imposta pelos colonizadores. A partir disso, Malagrida passa a exigir da Igreja uma postura em relação aos atos cruéis dos colonizadores àqueles povos.

Com esses ideais, ele é perseguido pela Igreja e isso são fatos históricos, a vida de frei Gabriel Malagrida consta em diversas literaturas que relatam a história do Brasil, nada disso é "conto de espíritos".

Malagrida rompe com a Igreja e passa a viver com os índios. Sua história lembra também a de representantes mais recentes dessa causa. Os respeitados irmãos Villas-Bôas foram os mais conhecidos defensores dos povos indígenas brasileiros, responsáveis pela idealização do Parque Nacional Indígena do Xingu, considerado uma das maiores e mais famosas reservas indígenas e de preservação do mundo. Mas, assim como frei Gabriel Malagrida, os Villas-Bôas também não tinham como objetivo primeiro a salvaguarda dos povos indígenas. Eles conhecem a cultura nativa em meio à expedição Rocandor--Xingu, que durante a anunciação do Estado Novo por Getúlio Vargas (1937) tinha como objetivo desbravar os planaltos apresentados como "em branco" no mapa brasileiro.

Nos dois casos, o que acontece é a imersão da figura dos desbravadores na cultura e nas crenças desses povos, em uma mistura de anti-heroísmo com uma ruptura do que lhes é considerado convencional.

Então retomamos a discussão. "Você acha mesmo que alguém vai seguir essa religião?" O tom é de sarcasmo. E em resposta, ele lança: "Cada colina de Niterói atuará como porta-voz, anunciando o culto que amanhã iniciarei".

Nesse ponto, vou parar de narrar esse discurso para poder trazer a você uma reflexão. Tudo o que nós sabemos de Umbanda, como religião genuína, poderia ter acontecido de outra maneira. Se, nessa primeira manifestação, os espíritas ali presentes tivessem interpretado de outra forma, se eles tivessem acolhido e concebido que outros espíritos também podem se manifestar e trazer ensinamentos relevantes, talvez a Umbanda hoje fosse só um Espiritismo com uma "nova cara".

E durante muito tempo, assim ela foi tratada (entre os detratores também como um baixo espiritismo), porque não havia uma definição nem uma legislação que a definisse como religião. Mesmo para a família do Zélio isso aconteceu, até hoje seus herdeiros consideram a Umbanda um Espiritismo.

Com isso, surgem os conceitos de Espiritismo de Umbanda, Umbanda de Mesa, Umbanda Branca, tudo para dizer que ali se tem um Espiritismo de Terreiro, no qual se manifestam Caboclos e Pretos-Velhos e não tem o convencional.

Durante muito tempo foi assim, até que Zélio cria o **I Congresso de Umbanda**,[4] e então as casas passam a se organizar e a Umbanda é reconhecida, pela União, como uma religião genuína. Entretanto, de alguma maneira, até hoje, para a família de Zélio Fernandino de Moraes, a Umbanda é um "tipo" de

---

4. Primeiro Congresso do Espiritismo de Umbanda realizado no Rio de Janeiro-RJ, em outubro de 1941.

Espiritismo. Para nós, aqui, a Umbanda é uma religião genuína e independente.

A partir disso é imprescindível que nós observemos a Umbanda como um fenômeno divino, espiritual e social manifestado, pois quando acontece esse dia fatídico, já ocorria em solo brasileiro em muitos lugares a manifestação de Caboclos, Pretos-Velhos, dentre outras linhagens. Apresentavam-se incomodando os centros espíritas e os barracões de Candomblé. Porque nesse momento o Candomblé se configura em uma existência muito ortodoxa, não permite em absoluto a manifestação de espírito humano que se comunica. Para esses espíritos, tem-se a concepção de que são todos Eguns, que é o nome dado às "almas penadas" e espíritos vagantes nos Cultos de Nação. É comum que o iniciado no Candomblé, por exemplo, receba seu contra-Egun, que é um amuleto normalmente de palha e búzios que fica ao redor do braço ou tornozelo, blindando-o do "assédio desses espíritos", pois nessa compreensão religiosa somente a Divindade pode ser manifestada.

Mas mesmo com tudo isso, estava acontecendo a incorporação dos Caboclos, dos Pretos-Velhos, dos Boiadeiros, e nos morros do Rio de Janeiro ocorre a Macumba Carioca. Nesse período não existia o termo Umbanda, ainda não havia o Zélio. Não era Candomblé, não se encaixava no Catimbó nem representava nada do que já havia organizado no momento. Via-se como uma manifestação livre dos espíritos que vinham àqueles ambientes.

Por isso a Umbanda não "surge" com Zélio, ela eclode em vários lugares do Brasil. Nos mais remotos e de maneira mais inusitada, acontece a espiritualidade de Umbanda! A Umbanda agora pulsa no solo, na matéria, na carne e na alma. Aquilo que é uma Providência Divina.

Zélio Fernandino de Moraes é um marco histórico, aquele que precisou vir para fundar a religião. De início ele não verbaliza o nome "Umbanda", só diz sobre a vinda de uma nova religião. Só depois é que irá se estipular essa nomenclatura.

Por esse motivo, eu afirmo que a Umbanda é um fenômeno que brota do chão e acontece sem controle. Isso é tão real que, no I Congresso de Umbanda, o próprio Zélio Fernandino estava presente, e na ocasião havia representantes de cidades e estados que praticavam a Umbanda; no entanto, nunca tinha se ouvido falar dele. O fato é que a Umbanda acontecia com aqueles que nunca haviam tido contato com Zélio.

A partir do registro da fundação da Umbanda por meio do Caboclo da Sete Encruzilhadas, fica claro que é possível se desvencilhar das outras denominações religiosas estruturando uma nova. Essa nova religião, mais tarde chamada de Umbanda, é o ponto de ruptura do movimento espiritual que decorre em solo brasileiro naquela época. Ela se articula "invadindo" outras denominações para se apresentar àqueles médiuns e religiosos, mais afins com suas manifestações espirituais. Dessa forma, a Umbanda desempenha o papel de chamamento de seus filhos e comunica que agora há um espaço e uma forma próprios de vivenciar sua fé. Esse é o processo de organização dessa religião para recepcionar, em terra, o movimento espiritual que já acontecia antes do advento de Pai Zélio Fernandino de Moraes e da manifestação do Caboclo das Sete Encruzilhadas. A partir daí começa o desenvolvimento dessa religião genuína, particular, peculiar e brasileira que é a Umbanda.

"Ao pisar pela primeira vez num terreiro, aquele que sai já não é mais o mesmo que entrou"

-Rodrigo Queiroz

Parte II

Por Dentro do Terreiro

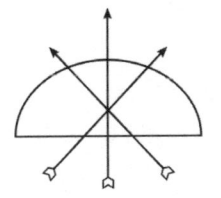

Por Dentro do Terreiro

Meu contato com a Umbanda acontece desde 1996, e nesse momento já havia muita coisa na religião; no entanto, ao conversar com outros sacerdotes nesses últimos anos, mais precisamente a partir de 2010, nós nos deparamos com uma novidade em comum: hoje, a cada nova gira, se nota a presença daquele que nunca foi à Umbanda. É possível constatar um aumento no interesse por conhecê-la e há uma curiosidade muito grande entre essas pessoas. Naturalmente isso ocorre em função de uma campanha que nós sabemos que há contra ela. Em um mundo de extremidades e polarização que existe em todos os aspectos e com proeminência no âmbito religioso, a Umbanda exerce nas pessoas dois sentimentos curiosos: o medo, baseado no discurso que não a representa, e a curiosidade daquele que é mais antenado a ouvir sobre o que lhe é desconhecido. Além disso, existe o boca a boca: alguém que frequenta convida um conhecido. Eu vivencio isso no terreiro no qual sou o dirigente toda semana, onde 30% da consulência é composta por quem está indo à Umbanda pela primeira vez. Isso é um alerta a todos os sacerdotes e terreiros: há algo acontecendo na Umbanda. Há um movimento social, espiritual, religioso em andamento. Se conseguirmos observar entre os terreiros essa estatística de 30% de pessoas, em média, tendo contato pela primeira vez com a Umbanda, é primordial nos questionarmos: com o que elas estão se deparando?

Qual é a preocupação que nós, como umbandistas, devemos ter? E quais as constatações a partir disso? A Umbanda é uma religião ainda em franca expansão, as pessoas ainda estão a descobrindo. Se no Brasil a religião brasileira que é a Umbanda ainda é uma religião a ser descoberta, então há tudo por fazer nela. O próprio umbandista ainda está descobrindo-a. O jovem religioso umbandista, aquele que acaba de entrar nesse universo, ainda tem tudo para descobri-la. Eu ressalto, nada é mais importante do que o primeiro contato com a religião, e ele sempre pode ser inesquecível, positiva ou negativamente. Pode ser inesquecível querendo muito esquecê-lo, se for traumático, e também inesquecível, se for tocante e apaixonante.

Não devemos nos apegar, nesta leitura, àquilo que não é Umbanda. Aquilo que faz qualquer coisa em nome da Umbanda não sendo Umbanda, que envergonha a religião ou que não condiz com seus fundamentos. Por isso, quando eu escrevo, entendo que, ao dissertar sobre Umbanda, falamos dela como sua expressão legítima. Porque qualquer pessoa que entra em um terreiro de Umbanda, e é só isso que me interessa aqui, há de ficar encantada. Acho estranho o contrário. Ela não precisa virar umbandista, mas, no mínimo, jamais será indiferente à Umbanda. O que a Umbanda proporciona de experiência sensorial nenhuma outra religião propõe, porque mesmo no terreiro mais sóbrio existente, ainda assim, é notável a presença de muitos símbolos. Eu convido você, leitor, a imaginar agora um terreiro muito sóbrio, onde no altar existe apenas a imagem de Jesus, ou nem isso. Mas terá ao menos uma vela e, se não tiver vela, terá ao menos uma pedra e, se não tiver a pedra, um copo de água terá.

Então a pessoa que entra em um ambiente de terreiro, na maioria das vezes, se depara com muitas coisas. Cores, texturas e um cenário incomum, que por mais que ela já tenha visto por meio da internet ou algo assim, no momento em que tem o contato, todas essas formas apresentadas ao seus olhos não conseguem ser totalmente assimiladas. Por isso que, por mais simples que seja o terreiro, qualquer pessoa que adentre a Umbanda pela primeira vez terá de parar e observar, escutar canto por canto, gesto por gesto, aroma por aroma. Tudo isso não é assimilado de imediato. Por mais que existam em outros ambientes, na Umbanda será tudo diferente. O cheiro da defumação é da queima de uma mistura de ervas e, quando não, será de um incenso mais rebuscado, porque a Umbanda gosta de cheiro, gosta tanto que até o saúda: "Salve o cheiro". A fumaça é considerada sagrada nesse ambiente. Embora seja um equívoco quando é dito "Saravá a defumação", todos respondem: "Salve o cheiro", porque o aroma é sagrado, merece reverência, altera alguma coisa no estado emocional, psíquico e espiritual do indivíduo.

De repente, essa pessoa que já viu cores, texturas, formas e sentiu aromas começa a ouvir um barulho, o som dos atabaques, o canto da curimba. Aquilo tudo é envolvente. É difícil ficar indiferente a isso, principalmente sendo brasileiro, pois o samba está em nosso sangue; não importa se você consome ou não essa musicalidade, ela está aqui. O rock não é o som do Brasil, nós produzimos esse gênero, mas não é nossa identidade. Nenhum ritmo é tão brasileiro quanto o samba. No momento em que você escuta o atabaque, recorda-se de experiências, talvez até carnavalescas, que lhe lembram algo muito particular do nosso país. Quando passa esse impacto de conexão da memória, é possível perceber a legitimidade de tudo isso no ambiente onde você está. As pessoas batendo palmas em um ritmo próprio e se envolvendo com o tambor, com a música, com o cheiro, com as formas... É aí que você entende que está em outro lugar. Por um instante, esquece-se de que está em uma cidade, porque agora você se sente em uma bolha. Esse primeiro contato com a Umbanda mexe com todos os seus sentidos e é tão mágico porque, muito embora o indivíduo possa não se identificar depois como alguém que deseja ser daquela religião, no mínimo ele sai muito respeitoso. Ele teve contato com algo muito rico. A maneira como o ritual de Umbanda se apresenta, em si, já é rica e dinâmica. A partir dessa primeira visita, a pessoa começa a ter o contato com o universo mágico, curioso e divino desse ritual. Ela não entende nem necessita entender, mas precisa que isso seja meramente sensorial. Precisa perceber. Se você não percebe, você não sente. É só isso, aquilo não precisa ter racionalidade nenhuma. O que o aroma vai trazer para o indivíduo não precisa ter explicação, a que o tambor vai remetê-lo não precisa naquele momento ser racionalizado. A experiência com aquelas imagens, cores e texturas que se apresentam no altar, nas paredes e em todo o ambiente de terreiro para cada um será uma.

Esse primeiro contato do indivíduo com a Umbanda determinará os próximos passos dele com a religião. Daqui para frente desta leitura, já entendemos que algo aconteceu com esse indivíduo que teve seu primeiro contato com a Umbanda. É provável que, neste momento, essa pessoa tenha encontrado o seu caminho religioso.

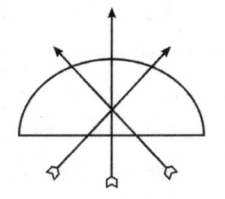

A GIRA – CULTO DE UMBANDA

O que acontece dentro do templo de Umbanda? O culto ou sessão de Umbanda leva o nome de gira. Esse é o ritual e o processo litúrgico que acontecem dentro da Umbanda e que, normalmente, iniciam-se com o toque de um sinete e pela curimba, que é o conjunto de Ogãs, atabaqueiros e pessoas responsáveis pelo canto, os quais irão entoar os **pontos cantados,**[5] que são a musicalidade e os louvores de terreiro. Essas músicas seguem uma ordem, não de forma engessada, mas de modo comum respeitam-se alguns pilares. Ao entoar-se pontos cantados saudando a defumação, por exemplo, é trazida ali uma voz de comando. Quando se canta "descarrega filho de Umbanda meu Santo Antônio, auê, auê", foi dado um comando para aquela energia: "defumação, descarregue e purifique aquelas pessoas", e isso já é a magia da Umbanda.

---

5. Denominação religiosa para os cânticos sagrados.

Por isso, acontece a defumação que tem um objetivo, no qual o senso comum que ela traz é uma mistura de ervas jogadas na brasa que levanta a defumação toda, e aquela combinação de ervas presume uma limpeza astral do ambiente e das pessoas. De fato acontece essa modificação atmosférica da energia do ambiente, e esse primeiro contato das pessoas que estão ali presentes já muda o padrão vibratório mais grosseiro, pois são algumas camadas que precisamos "acessar" do indivíduo.

Nota-se uma quebra da normalidade da percepção do ambiente: aquilo não é comum, você em casa não fica acendendo fumaça nem sentindo o cheiro das ervas aromáticas. Esse fato não é convencional para a maioria das pessoas, e esse rito por si só já irá romper com o padrão de sensações daquele indivíduo. Essa é a sabedoria divina, sabedoria espiritual daquelas entidades que um dia ensinaram isso. Não é um conhecimento comum, nem todo mundo faz a defumação sabendo que vai acontecer isso no corpo espiritual da pessoa. Entretanto, todos os terreiros têm como prática a defumação, não importa se sabe ou não, o fato é que a ciência espiritual está manifestada ali e é efetiva. Você desconstrói o indivíduo, tira-o de seu lugar-comum e ainda é como se fosse um chamamento para o que está acontecendo naquele instante no terreiro. E então, tudo aquilo que se faz presente ali já não partilha mais conexão com o que a própria pessoa trouxe consigo: se foi curiosidade, se foi um convite ou mesmo se foi uma necessidade.

Aqui não entro nem no mérito das propriedades mágico-energéticas das ervas em combustão; estamos falando só do que é meramente físico: o olfato tendo contato com algo que não é convencional no dia a dia, e como isso altera o psiquismo do indivíduo. Ao trazer esse estado de alerta, a defumação proporciona o assentamento daquela pessoa no local, ou seja, agora ela está "mais presente" ao rito. Por isso a abertura da Gira de Umbanda se dá com a defumação.

Não há regra absoluta em nada na Umbanda, nem devemos presumir que alguém dite isso, e sabemos que esse é um senso comum. Se a grande maioria abre a gira com defumação, é porque é assim que faz sentido. Eu ainda ressalto que é efetivo que aconteça dessa forma, e há um motivo que justifique defumar antes de se iniciar qualquer trabalho no ambiente de terreiro. Isso foi ensinado pela espiritualidade por meio dos **Mestres da Luz**,[6] já na origem da Umbanda, quando se começou a estruturar um ritual. Como seria esse rito? Como ele começa, se desenvolve e termina? Este é o tema deste capítulo.

Após a realização da defumação, invariavelmente ocorre a **preleção**[7] do(a) sacerdote(isa) ou de alguém convidado. É comum que nesse momento se traga uma reflexão, se compartilhe a leitura de um texto, enfim, esse é o contato olho no olho entre quem representa o templo e a comunidade que se faz presente. O objetivo desse momento normalmente é esclarecer qual o foco da reunião do dia ou daquela gira. Diz-se se o trabalho será com Caboclo, Preto-Velho ou Exu, qual linha vai se manifestar e em qual força de Orixá. Por isso, é normal que a fala seja uma explicação e ambientação, para aquelas pessoas, do que está prestes a acontecer ali. Isso também é algo livre, cada casa tem a liberdade de fazer a seu modo.

---

6. Espíritos de níveis superiores de grande sabedoria e condutores da religião.

7. Discurso inicial com o objetivo de instruir sobre a dinâmica da gira ou assuntos elucidativos.

Passado esse instante, começam então as saudações. Esse também é outro ponto importante da ritualística de Umbanda, pois existe nela uma hierarquia a ser respeitada. No momento das reverências, o que pode mudar é se Exu será o primeiro a ser reverenciado ou o último. Porém, não há o certo ou errado, o fato é que, se aquele terreiro for mais africanista, é natural que cante e saúde primeiro Exu; caso essa influência não seja tão forte, então pode ser que isso ocorra ao final. Mas, nesse momento pós-preleção, que é um dos grandes pontos do ritual, é hora de cantar para o "céu da Umbanda" reverenciando os sagrados Orixás. Louvar, reverenciar, contemplar por meio do rito o panteão divino, que pode ser saudado individualmente cantando para Oxalá, Ogum, Iansã, etc., ou simplesmente se canta para as Sete Linhas de Umbanda, contemplando assim todos os Orixás.

Se Exu não for saudado ao começo ou ao final, é agora, após o canto aos Divinos Orixás, que as pessoas se voltam para a rua, normalmente ficando de costas para o altar. Na realidade elas ficam de frente para a tronqueira, que é aquela casinha onde está o assentamento de Exu. Normalmente a tronqueira fica na entrada do terreiro, do lado de fora, e quando a estrutura física do templo não tem uma área externa, você a verá perto da porta de entrada, do lado esquerdo.

Existe um termo popular que é "povo da rua". Nós não temos um registro de quando começou a ser usada essa expressão, mas percebe-se que para muitos terreiros, quando nos voltamos para a tronqueira que está lá do lado de fora, a compreensão que se tem é que estamos nos voltando para a rua, mas não: o significado disso é a saudação à tronqueira ou à casa de Exu.

Exu será a segurança do terreiro, é a estrutura espiritual que dá segurança, amparo, proteção para o templo e para todas as pessoas que o frequentam. Considerados Guardiões, são o elo mais próximo entre nossa realidade material e a espiritual. A percepção da Umbanda quanto às entidades Exus é a de polícia espiritual e, por isso, nós os chamamos de Guardiões.

Os pontos cantados em sua reverência na maioria das vezes dizem sobre seu aspecto protetor, os clássicos "deixei meu sentinela, tomando conta da cancela" ou "acorda Tranca-Ruas, vai vigiar". Isso explica o papel de Exu, principalmente nesse momento do rito que corresponde à abertura da gira, preparando todo o ambiente, estruturando-o, e isso pode levar de 10 a 30 minutos. Cada terreiro fará de um jeito, mas tem sempre o objetivo de construir um ambiente propício para a manifestação dos espíritos, com segurança e envolvimento daquelas pessoas, no intento de que elas estejam sempre atentas àquele momento. Você vai para o terreiro por algum motivo, seja um problema ou o que for; é natural que chegue até lá conectado a isso, à problemática que está lá fora. Diante disso, o objetivo do ritual de abertura da gira é também o de se desconectar de tudo o que está com você, porque o motivo que o levou até aquela casa já é sabido pelas entidades, só que agora não importa, o importante é você estar ali. A efetividade da mecânica espiritual do terreiro só acontecerá se você estiver envolvido.

Desse modo, depois de saudar a tronqueira, as pessoas se voltam novamente para o **Congá**[8] e, então, irão reverenciar a linha de trabalho daquela gira. É comum que se saúdem as entidades chefes do terreiro. Se for um Caboclo, canta-se para ele, mas independentemente disso o rito é marcado de novo por essa

---

8. Denominação usada para o Altar na Umbanda, pode ainda ser usado o termo Peji.

outra etapa, que é o cantar e reverenciar a linha que trabalhará naquele dia. Quando se tem conhecimento, nessa ocasião também se canta para o Orixá que está regendo a gira.

Haverá terreiros que não nutrem essa relação, simplesmente abrem a gira e vem quem tiver de vir, misturam as linhas. No mais convencional, existe uma organização que tem muito sentido, porque você organiza melhor a dinâmica do ritual e das pessoas que vão se preparando para aquele momento.

Por isso, se for gira com Caboclos canta-se para os Caboclos, depois para o Caboclo chefe daquele terreiro; e se aquela casa tem Pai ou Mãe Pequeno, canta-se para a entidade desse cargo hierárquico do templo.

Sobre as incorporações, é normal que primeiro aconteça a manifestação no sacerdote da casa e também, em um processo hierárquico, vão acontecendo as demais manifestações. Quando isso ocorre, nós temos outro momento da gira. Agora, as pessoas se encontram em um estado alterado de consciência ou estado mediúnico de consciência, que aqui nós chamamos de transe mediúnico. Não é como no transe xamânico, porém é muito próximo disso. O transe mediúnico será a definição e a sustentação da Umbanda. A Umbanda é uma religião mediúnica, por isso ela não acontece sem a manifestação espiritual. O que trago aqui neste ponto da leitura pode chocar algumas pessoas, mas é algo que vem acontecendo. Eu sei que existe um movimento que prega a ideia de que é possível ser sacerdote de Umbanda sem nunca e jamais incorporar, o que não faz o menor sentido, pois a **Umbanda é em si a manifestação do espírito**. Essa é a definição dada pelo próprio Caboclo das Sete Encruzilhadas, e ainda relembrando a pergunta que fiz lá no início deste livro: o que é Umbanda? Eu digo que a Umbanda é a manifestação do espírito para o exercício do amor.

Sem as manifestações espirituais, não aconteceria a Umbanda, porque então ela teria apenas uma face filosófica, conceitual e contemplativa, e não ela mesma na prática. A prática da Umbanda é mediúnica.

Nos próximos capítulos, vou apresentar a você o momento da incorporação e a consulta.

"Os degraus evolutivos estão nas virtudes que a Umbanda assenta em nossa consciência"

-Rodrigo Queiroz

Parte III

Pilares da Religião

Part III

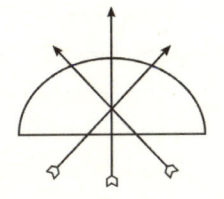

Incorporação e Consulta

O ápice do ritual de Umbanda é a incorporação. Tudo o que foi descrito até aqui, da prática umbandista, é organizado para preparar o ambiente propiciamente para as incorporações. Junto disso, tudo o que acontece durante esse momento é para a sua própria manutenção no decorrer do rito. Para a maioria desavisada de dentro e de fora da religião, acredita-se que as incorporações ocorram como uma espécie de possessão. Para exemplificar isso, vou usar a representação feita no filme Ghost. Nesse clássico, a personagem que é uma médium, interpretada por Whoopi Goldberg, é possuída por um espírito. Quando esse espírito se aproxima dela na trama, a médium sai de seu corpo e ele a possui como quem veste uma roupa. Preciso explicar que isso não existe. Não é possível um ser de outra realidade vibratória possuir o corpo de ninguém e também em nenhum nível de incorporação isso pode acontecer. Até mesmo nas versões sobre possessões demoníacas, há a falta com o que é real. Essas histórias tratam de narrar fragilidades dos homens e estabelecer uma relação de medo, em que o objetivo pretendido é amedrontá-los e assim conduzi-los. Na Umbanda, esse tipo de ameaça não surte tanto efeito, porque como uma religião mediúnica, ela concebe os meandros dessa particularidade, como por exemplo o que é possível e o que não é possível acontecer entre o plano espiritual e o físico.

Nenhum espírito toma o corpo do outro sem que esse outro permita o contato. Sendo assim não há **possessão**,[9] ou seja, não há chance de um seu corpo ser controlado ou levado por outra presença sem que a pessoa tenha ciência sobre aquilo. A incorporação, inconsciente ou não, acontece por um ato de evocação e permissão do médium, não há incorporação involuntária, embora existam muitos relatos que visam confirmar essa possibilidade. Contudo, algo acontece nesse indivíduo e, na maioria das vezes, **ele permite**[10] isso. No caso das incorporações em ambientes desapropriados, como em confraternizações, eu entendo isso como uma exposição anímica do indivíduo ou a manifestação de um espírito que não é quem ele diz ser naquele instante.

Neste momento, chamo a atenção para a preservação do que é sagrado. A manifestação mediúnica de uma entidade de

---

9. Leitura recomendada: *Médium: Inconporação,* de Alexandre Cumino, Madras Editora.

10. Nota do Autor: esse tipo de apontamento pragmático pode causar desconforto para muitos, contudo saliento que muitas questões psicológicas, emocionais, referências e crenças podem levar o indivíduo sem instrução no assunto mediunidade a desdobrar um comportamento de "descontrole mediúnico". Sempre que estiver ocorrendo esse tipo de situação, temos uma questão complexa a ser enfrentada, com cuidado e preparo para que esse indivíduo não seja ainda mais negativamente impactado com traumas e frustrações sobre a mediunidade.

Umbanda é o ápice do contato do homem com o Divino. Quando o médium está incorporado, Deus está manifestado. Não importa o nome que ele dá, o rótulo que traz ou o arquétipo que manifesta, de alguma forma quem tem o contato com o espírito manifestado, de fato, sente que está na presença de Deus, e isso não é racional. É tão forte que o consulente revela coisas de seu íntimo que ele não diria para ninguém. A pessoa se abre, se confessa e se entrega, é involuntário e inconsciente. Para quem vive isso, sente, Deus está ali.

O sagrado não se manifesta no profano, que é tudo aquilo que a gente faz fora do ambiente consagrado. O terreiro é o espaço consagrado pelo homem, para que o sagrado sinta-se à vontade e parte daquilo se manifeste nesse ambiente. Por isso, há um rito e um processo para o sagrado se manifestar. Não é invenção ou criação humana; é uma inspiração, tudo isso é conduzido pelo mundo espiritual para que seja assim. Quando a pessoa estabelece uma relação com as entidades, como se elas fossem um colega ou amigo de balada, fica claro que ela não entendeu nada. É fato que as entidades são nossas amigas, são entes que nos amam. Também é fato que há uma preservação e um limite para as manifestações acontecerem. O lugar adequado é o ambiente que está consagrado para isso. Não importa se é um terreiro, estruturado como tal, ou se é a casa de alguém que naquele momento foi higienizada, purificada e preparada para que o Divino se manifestasse. Porque na Umbanda, quando um espírito está manifestado em um médium, é Deus quem fala.

Eu indago: o que você diria se pudesse se comunicar com Deus à sua frente? Teria vergonha ou seria corajoso? Iria se abrir ou retrair com essa presença? Todas as vezes que você esteve em uma gira e ali havia um espírito manifestado, você teve a chance de falar com Deus. Todos que se relacionam com o sagrado como tal são instrumentos da manifestação divina, seja na figura dos Orixás ou na incorporação das entidades.

O transe mediúnico ou o estado alterado de consciência na Umbanda é algo peculiar, que não é reproduzido em nenhum outro ambiente religioso. Não confunda, porque embora saibamos que o Espírito Santo na Igreja Católica ou carismática se faz como um fenômeno mediúnico, e Allan Kardec explica isso em sua obra, ainda assim não é a mesma mediunidade nem a mesma manifestação. A incorporação que acontece no terreiro, na roça ou no barracão de Candomblé também não é a mesma que ocorre na Umbanda, porque cada ambiente religioso e vocação mediúnica são peculiares daquela denominação.

Por isso, também, a Umbanda tem sua própria configuração mediúnica. Quando se está incorporado, algo grande acontece, independentemente de se o médium é ou não consciente – e o conhecimento que se tem é de que a maioria é consciente, mas mesmo que fosse o contrário, isso não tem a menor importância, porque esse médium que ali está é, agora, a própria presença daquele espírito. Sua consciência já não é somente sua, nesse momento ela se encontra sobreposta a uma outra, pertencente à entidade manifestada.

Ao chegar perto da entidade incorporada, observamos alguns objetos e símbolos. Provavelmente um ponto riscado no chão, um punhal, velas, bebidas, incensos, ervas, há uma combinação de elementos organizados ao redor do médium. Nessa oportunidade, pode ser que aquele espírito peça para o consulente entrar no **ponto riscado**[11] ou somente se sentar à sua frente. A cer-

---

11. Denominação para os símbolos traçados no ambiente religioso da Umbanda.

teza é de que diante daquela presença, se você for minimamente sensível, é muito possível que sinta seu corpo arrepiar. E se for um pouco mais sensível, você sente-o vibrar, com uma pulsão que vem de dentro para fora. Ali você tem uma certeza, não é sua mente criando, porque aquelas sensações e movimentos não são pensados antes de se fazer. Eles acontecem e você mesmo se surpreende com cada um desses sentidos.

Ao sentir o corpo vibrar, não há controle sobre esses efeitos. Somado a isso, aquela entidade fala coisas de sua intimidade, que só pertencem a você. O que está acontecendo? Há um ente espiritual ali e essa manifestação consegue enxergar tudo o que está impresso em você naquele momento. Não é um fofoqueiro que o ronda para descobrir informações sobre sua vida, ele somente decodifica algo que você trouxe consigo, fazendo a assimilação dessas narrativas só de olhar. Essa visão é espiritual. Esse mérito não é do médium, mas do espírito que está incorporado.

Nesse instante, você está envolvido nessa aura. As informações confidenciais sobre sua vida e manifestações imprevisíveis e incontroláveis o cercam. Tudo o que antes de entrar em contato com a entidade era tido como um cenário curioso e cativo passa a ser extraordinário. Agora você faz parte de uma outra realidade, experimentando algo que não saberia dizer se não tivesse vivido. É físico. Ninguém disse para fechar os olhos e imaginar, simplesmente acontece. Isso é Umbanda!

A Umbanda é sensível, você precisa sentir e perceber por si só. Não é hipnótica nem uma meditação guiada. Quando se está desperto, atento e curioso àquilo, as coisas acontecem. Como já afirmado aqui, a consulta é o momento em que se entra em contato com Deus. Assim, tudo o que é sentido a partir desse contato é o que Deus quer lhe mostrar, além das palavras.

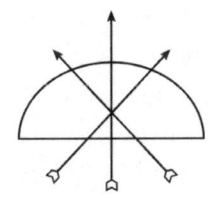

Contato com a Religião

tSe de fato sua vocação religiosa estiver para a Umbanda não será tão simples, não basta ter o primeiro contato e achar maravilhoso. Entre o encantamento e o vínculo, há um caminho a ser traçado. É nisso que as entidades se fazem peritas. São verdadeiros mestres em costurar essas tramas. Elas conseguem perceber que aquela pessoa se afina com a crença e são elas também que têm o fio para fazer as conexões. Por isso, esse elemento que o indivíduo leva para casa traz a lembrança do que ele viveu no terreiro. Porque a hora em que o tambor "secar", em que a curimba calar e em que a cortina fechar, a vida real volta e a pessoa percebe que ficou por uma ou algumas horas em uma espécie de torpor. Só então se dá conta de que viveu momentos de total expansão de percepção da realidade e do tempo. Agora ela volta para a realidade, e o que viveu ali naquele ambiente do terreiro não pode se perder pelo bem espiritual dela. É nesse contexto que entram as recomendações de banhos, velas ou alguma coisa que vá mantê-la ligada àquele contato.

Às vezes, as entidades pedem para acender a vela em dois dias e, quando é demarcado isso, é porque elas entendem que há um tempo para assimilação. Essa pessoa vai embora para casa e, provavelmente, conversa sobre isso com a família ou com um amigo; enfim, isso auxilia na assimilação de tudo o que viveu. Ao se manter atenta pensando que daqui dois ou três dias irá seguir a recomendação dada, quando ela acende a vela reacende também toda a vivência tida no ambiente de terreiro. O que fica dessa lembrança é determinante para a vida religiosa dessa pessoa. É provável que volte ao terreiro, agora com novas questões ou pelo menos com um novo olhar.

A espiritualidade é muito sábia nesse sentido de preparo desse caminho. Quando a gira se encerra, todas as pessoas que tiveram contato com aquela ritualística recebem um fortalecimento dessas conexões espirituais. Saímos diferentes do que entramos depois de uma experiência como essa. Se esse indivíduo volta para o terreiro, algo mágico se estabeleceu nele, nasce na maioria das vezes um novo umbandista e, ao ser um novo umbandista, há um universo religioso e um olhar para a vida que precisam ser compreendidos.

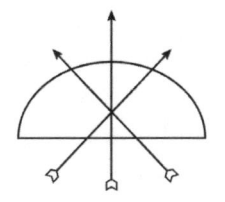

Crenças da Umbanda

Umbanda, uma religião monoteísta

Começamos a adentrar no que se baseia o conjunto de crenças da Umbanda. De maneira muito objetiva, afirma-se que essa religião acredita em Deus, nos Orixás, na manifestação dos Espíritos, nos Santos, nos Anjos, de alguma forma ela acredita e aceita tudo. Nessa questão, temos algo complicado, porque toda religião é sincrética por excelência, mas isso não pode ser colocado de modo irresponsável, é preciso entender que o sincretismo religioso, de fundamento, ícones, etc., acontece no mesmo passo que ocorre uma releitura, reinvenção e reestruturação daquilo que era tido como crença anteriormente.

Qual é o conjunto de crenças que sustenta a Umbanda e o umbandista? Mesmo que você tenha experimentado a chegada ao terreiro, tenha estabelecido uma relação com aquela ritualística e, com isso, também tenha se sentido tocado com a vivência proporcionada ali, isso não o coloca na posição de religioso. Nada disso o torna um umbandista, e eu chamo atenção para algo que é necessário. Há de se ter cuidado, a fim de não superficializar demais o que vem a ser o umbandista. Só porque alguém gosta do tambor ou porque vai toda semana ao terreiro, isso não faz dele um religioso umbandista. Para se dizer umbandista, basicamente é necessário saber no que a pessoa acredita, quais seus valores, absorver essas questões como suas também e viver na prática a assimilação do conjunto de crenças e valores da religião. Não há como se autoafirmar católico se não é um hábito a comunhão. Não há como se dizer católico só acreditando no que contam sobre Jesus. Dá para ser brevemente cristão, mas não posso ser de uma religião se não sigo seu conjunto de crenças. A preocupação ao discorrer sobre isso não é pensada nas particularidades de cada terreiro, mas é que a Umbanda por excelência e de uma forma global também agrega um conjunto de crenças. Com isso posto, dá para entender que um indivíduo só é umbandista se há de sua parte um reconhecimento dessas crenças.

Para exemplificar essa questão, relembro o fato de a Umbanda ser uma religião monoteísta, portanto, crente em uma única força, criadora de tudo e de todos, a qual chamamos de Olorum e que para nós é Deus. Ao se considerar monoteísta, ela não ignora que no panteão ou "céu" exista, a partir de Deus, um conjunto de Divindades, mas que elas não são deuses. Por isso, Divindade na Umbanda é o reconhecimento de que Deus se manifesta de forma particular e peculiar em cada campo de sua própria criação e que ele gerou, a partir de si, seres Divinos que atuam como uma espécie de ministros de tudo o que existe. A eles damos o nome de Divindades, que são as partes de Deus e não estão à parte de Deus, que seria a crença politeísta, em que se tem a ideia da existência de múltiplos deuses. Enfatizo esse ponto porque, na cultura africana, denominada como Cultos de Nação, os Orixás, principalmente no segmento yorubá, são tidos como deuses. É comum o entendimento de que eles tenham vivido como homens e se divinificaram.

Esse mesmo sistema de crença é encontrado nas mitologias nórdica, grega e romana, por exemplo. Na tradição grega, os deuses são posteriores ao grande criador Cronos, o senhor do tempo e de tudo, que tinha por hábito se alimentar de seus próprios filhos, pois, segundo o que narra esse mito, Cronos teria sido avisado de que um de seus filhos iria destroná-lo e, por medo de perder a supremacia, comia-os após o nascimento. Nessa icônica mitologia, Rhéa, mãe dos deuses do Monte Olimpo, esconde Zeus, a fim de protegê-lo de seu próprio pai. Quando enfim Zeus retorna, faz com que Cronos beba um composto e vomite seus outros irmãos, Deméter, Poseidon, Héstia e Hades. Após dez anos guerreando contra Cronos, Zeus, Poseidon e Hades sobem ao Olimpo para resgatar o trono e, então, cada um deles se divide em seus "territórios" – céu, mar e submundo.

Tudo isso denota que, na qualidade de deuses, é possível ter essa proposta de não querer mais ser comandado e ter por objetivo destronar o Deus Maior. É importante entender dessa ilustração que, quando observamos o conjunto de crenças de uma religião como a Umbanda, que é organizada entre os séculos XX e XXI, em que se afirma que há um Deus, ser supremo e imutável, absoluto, onisciente, oniquerente, onipresente, ao qual chamamos de Olorum ou Zambi, isso irá depender de como está se manifestando no terreiro ou da regionalização daquela casa, e também o que dentro desta leitura vamos tratar como Deus, codinome mais comum a todos. Ele está dividido e manifestado por entre as suas divindades, criadas a partir d'Ele, e quando isso é observado, notamos a semelhança com o que se tem na crença hinduísta, na qual existem incontáveis divindades. Acredita-se que há mais de uma divindade por habitante na Índia, e se ela é o segundo país mais populoso do mundo, com 1 bilhão e 281 milhões de cidadãos, é provável que exista a crença em mais de 2 bilhões de seres divinos.

 A natividade indiana compreende que o homem se relaciona com a divindade que quiser, criando-a conforme suas necessidades, porque para essa cultura o Grande Deus se manifesta da forma que aquele indivíduo está precisando. O ponto crucial a se ponderar neste trecho é que a divindade não se rebelará contra Deus, porque ela é em si Deus, de maneira particular e concentrada em um dos campos da Criação. Em suma, Umbanda é uma religião monoteísta que acredita em um Deus absoluto, que não é nem Pai nem Mãe, mas uma força criadora de tudo e de todos. Reconhecemos por adesão à cultura africana, presente na religião, os Orixás como nossas divindades, mas que já não se configuram como o Orixá da África ou do Candomblé; reiterando: não os consideramos deuses. É provável que essa leitura esteja sendo feita por pessoas praticantes da Umbanda Trançada, Umbanda Omolokô ou qualquer segmento que seja mais africanista e, neste ponto da obra, esteja considerando o quão absurdo é o que eu coloco aqui. Para essas vertentes, a Umbanda que se vive é o resgate do que está em outra cultura religiosa. Proponho então que repensemos tudo isso. A Umbanda não é a ramificação de uma outra religião, por isso não faz sentido que ela se utilize de recursos, crenças ou dinâmicas de outras crenças estranhas a ela. A religião Umbanda não é uma derivação do Candomblé, nem do Espiritismo, nem de nenhuma outra. O fato de encontrarmos semelhanças e elementos de outras tradições nela constata a presença de algo universal, que perpassa os limites religiosos e culturais, que se diz que está sua origem.

Na mitologia africana, o Orixá tem sua construção, que está ligada ao imaginário do africano nativo e difere totalmente da concepção do próprio Candomblé, pois esta também já é uma releitura do culto que acontecia no continente africano. Como exemplo, cito que na África antiga era inadmissível que Orixás opostos pudessem ser cultuados no mesmo território, fossem inseridos na mesma tribo ou partilhados entre as mesmas pessoas. O Candomblé se configura em outro momento, que não é só dos africanos em solo brasileiro, mas também dos descendentes desses africanos no Brasil. Isso já prova que o Orixá não está fincado na terra e que seu culto pode ser reinterpretado em qualquer período da história. Pois, assim como qualquer expressão divina presente em outras culturas, eles são nada mais, nada menos que as mesmas forças de Deus, manifestadas de uma forma particular em tempo, cultura e territórios diferentes. É possível que essa maneira de pensar os Orixás não seja aceita. Respeito quem não aceita essa minha convicção e prefira permanecer apegado ao discurso mítico. Entretanto, o fato é que quando o indivíduo se permite descortinar uma percepção que vai além do que parecia ser tradição e que acaba por funcionar mais como uma repetição ou programação mental e cultural, inserida no ambiente dessas pessoas, ele passa a vislumbrar o quanto é amplo o Ritual de Umbanda. O culto aos Orixás que acontece na Umbanda não é o mesmo da África, nem o mesmo que se passa no Candomblé. A Umbanda cultua os Orixás em sua reinterpretação atual. Por isso também independe de quantos Orixás serão ou quais serão, pois nós os compreendemos como rótulos, que nos permitem relacionar com algo maior que é a divindade. Oxum na Umbanda é o mesmo que Afrodite, deusa do amor da cultura grega; ou Ísis, deusa egípcia da fertilidade. A divindade é imortal, imutável e ancestral, porque está na origem da criação do mundo, do universo e de todas as coisas. Por isso o que antecede toda a criação é Deus e suas divindades, sendo Ele mesmo cada uma delas.

O Orixá aqui posto como divindade define como será a visão de mundo e de vida do umbandista. Na Umbanda não se segue a moral tida no modelo católico, mas existe uma moral própria, e vamos dizer que há muito do que entendemos como viés cristão. Porém, ao mesmo tempo, se articula de maneira aberta e libertária, por meio da assimilação do que eu inseri na obra quando discorro sobre o conceito de divindades.

Se tudo está em constante transformação, crescimento, entendimento e desenvolvimento, nossos erros e falhas se notam antecipados na ciência de Deus sobre tudo e todas as coisas. Mais adiante, vou ponderar por exemplo sobre a questão do pecado. Na Umbanda não se tem a compreensão de que ele exista, fazendo do praticante mais livre e, por isso, mais responsável.

Origem sétupla da criação

Muitos autores da religião explicaram a seu modo a presença mística do número sete na Umbanda. Contudo, Pai Rubens Saraceni traz luz a essa questão de forma peculiar e profunda. Ele identifica essa questão em sua obra e discorre sobre ela de maneira singular, no que tange ao universo umbandista. Anterior a Pai Rubens, há milênios, místicos, magos, filósofos, historiadores e os maiores estudiosos e ocultistas da humanidade já perceberam a mística que envolve o número sete sobre todas as coisas.

Na Umbanda se reconhece que tudo o que Deus cria Ele o faz de forma sétupla, e o sete é um número mágico por excelência dessa religião. Cremos que tudo o que Deus faz Ele o elabora de forma sétupla, considerando esse o "número de Deus". Quando avaliamos de modo geral, observamos que todo terreiro de Umbanda reconhece as sete linhas, que embora cada casa as interprete à sua maneira, é possível perceber que elas simbolizam em si a expressão de Deus no universo e por entre a criação.

Se essas linhas são tidas como Orixás, cada um em uma linha, como entidades, como santos ou como vários Orixás em uma só linha, isso não é o mais importante, e esta obra não tem como pretensão discutir o certo ou errado nesses particulares. Mas há, na religião, verdades globais às quais chamamos de fundamentos, e esse é o lastro da Umbanda que independe de como ela se manifesta em cada terreiro.

Por isso, a base das sete linhas de Umbanda se refere às sete formas de Deus se manifestar em sua criação ou às sete forças e potências divinas. Sete linhas de Umbanda é a expressão múltipla de Deus em tudo o que Ele cria.

Entidades de Umbanda

A partir do que temos sobre os Orixás, postos em nossa leitura como rótulos religiosos, que fazem parte da herança yorubá trazida pelos Pretos-Velhos e que poderiam ter sido nomeados utilizando-se de outros termos, notamos que foram assim batizados na crença, pois a Umbanda é uma religião que agrega e reorganiza influências externas. Definimos que a releitura que a Umbanda realiza não é o sincretismo, porque quando discorremos sobre esse fenômeno cultural, tratamos de algo que se fundiu. Entretanto, isso não é algo que acontece nessa religião, na qual temos Jesus e Oxalá, por exemplo, mas um não é o outro. O sincretismo seria a adoção do símbolo. Jesus, que é o ícone do movimento cristão e sua imagem e personificação física, está para o Catolicismo sendo inserido no altar da Umbanda, mas ainda assim, a forma com a qual o umbandista se relaciona e interpreta Jesus não é a mesma que a do católico. Para exemplificar essa questão, cito o ideal de salvação, que não é uma preocupação do umbandista. Não se vive em busca da salvação, bem como não se reconhece na figura do Cristo a salvação. Nesse contexto, distancia-se também da representação tida no Espiritismo, em que a imagem de Jesus é do irmão mais velho e evoluído, que veio a essa vida, aprendeu e agora ensina. Para a Umbanda, Jesus é também uma divindade. Um ser divino que se humanizou por amor à humanidade. Se Jesus é uma divindade humanizada, **Oxalá está além dele**.

Dentro disso, podemos ter uma relação com Nossa Senhora, São Jorge, etc. e entender que nenhum deles são os Orixás. Mesmo que eu saúde "Salve São Jorge, Patakorê Ogum", ainda assim sei que são estruturas diferentes, que Nossa Senhora não é Iemanjá, mas que todos esses podem dividir o mesmo espaço religioso e, ainda, o mesmo céu. Reconhecemos também que há coisas em São Jorge que lembram muito Ogum e, por isso, é possível que ele tenha sido um homem com ancestralidade em Pai Ogum. Nessa perspectiva é também provável que Jesus seja um Oxalá, um ser divino, emissário da fé e da luz espiritual na Terra. Ao compreender dessa maneira, percebe-se que está tudo junto e que a Umbanda se faz revolucionária nesse sentido. Essa é uma crença que tem a coragem de acolher, reconhecer e se organizar sem pudor. A partir disso, o problema é de quem não entende e acha que o Orixá é domínio de uma ou outra cultura, em que se acredita que é necessário trazer um punhado de terra da África para se tê-lo assentado no terreiro. E mais, problema do cristão, do evangélico ou do católico que acha que é um insulto ter Jesus no Congá de Umbanda. Nós não precisamos ler a Bíblia para sermos cristãos. Na Umbanda é possível ser cristão ouvindo as palavras do Preto-Velho, que é uma das maiores expressões de culto a Jesus no ambiente de terreiro. Essa é também uma questão curiosa, pois sendo o Preto-Velho uma referência africana, não deveria ele evocar mais o Orixá do que Jesus?

O que eu coloco até este ponto da leitura é o que está presente no imaginário umbandista. O céu é uma percepção abstrata. É preciso ter a crença em sua existência para a construção do que irá ou não fazer parte dele. O Orixá, cada um imagina de uma maneira, Deus, cada um concebe de uma forma, mas há algo concreto no ambiente de terreiro que é o contato com as entidades por meio do transe mediúnico. Esses espíritos humanos viveram em terra e têm cada qual sua própria história de vida. Nesse momento eles retornam do mundo espiritual por meio dos médiuns, para inspirar em nós, encarnados, uma construção de padrão de comportamento, vida e sentimento, buscando fazer nossa experiência terrena cada vez melhor e mais proveitosa. O que está por trás do objetivo maior dessas entidades é inspirar em nós uma vida plena, pois o que levamos daqui é o que irá ressoar em nós do outro lado. Tanto o legado que deixamos como o que viermos a ser após a morte são definidos pela vida que levamos neste instante. Não são as coisas que tivemos ou os bens que constituímos, embora tudo isso seja importante, não é a materialidade que vibrará no pós-morte. O que define caminhos a partir do desencarne é simplesmente a vida que levamos. Já parou para pensar no que você é perante sua realidade? Esses espíritos se organizam no plano espiritual, trazendo símbolos que refletem a brasilidade de cada região do país. Relembrando que a Umbanda é uma religião brasileira e é natural que sua mística reafirme essa brasilidade, como também acontece no Candomblé, que tem seu rito marcado por referências às culturas da África. Por isso, a Umbanda como religião brasileira tem a necessidade de contemplar e reconhecer o que é do Brasil.

Dentro dessa miscelânea de influências presentes no país, o que devemos ter como "do Brasil"? O índio? O índio é do Brasil ou o Brasil é do índio? A figura do **Caboclo**,[12] entidade espiritual que agrega a personificação do índio, pretende tratar neste particular do resgate às origens do solo brasileiro. Paralelamente a essa manifestação está também o Preto-Velho, que é a referência presente na Umbanda daquele que desempenha o papel de construtor do país. Nessas entidades identificamos a imagem do africano, mas que não é aquele ente tribal e guerreiro presente no solo África e forçadamente trazido até o Brasil durante o processo de escravidão. A personificação de negro ancião nem mesmo condiz com a realidade daquele momento, quando raríssimos eram os negros em condições de escravos que chegavam aqui há muitos anos. Resta a dúvida: quem são os Pretos-Velhos? Eles são a descendência e muito provavelmente os filhos dos escravos, que se encontram agora catequizados, abrasileirados e alguns deles alfabetizados e batizados. Mesmo tendo sua raiz na África, agora esse indivíduo assimilou uma identidade brasileira. Quando você observa um Preto-Velho no terreiro se identificando como Pai João, esse já é um nome católico, comum a este país e que não existe na África. João, José, Maria... são nomes católicos recebidos no momento do batismo. Quando o Preto-Velho chega ao terreiro e saúda Jesus, ele reafirma que já não traz consigo somente os traços

---

12. Denominação para a Linha Espiritual e Arquétipo que resgata a figura do índio, do povo da floresta.

do negro que vivia em solo africano, mas que sua presença sinaliza, neste momento, aquele que já sofreu mudanças em sua forma de ser, consequência do próprio processo escravagista. Isso pode parecer um problema para algumas pessoas, por evocar tanto do Catolicismo, e então eu ressalto que entre minha opinião e a de quem lê esta narrativa existe uma essência. A essência do Preto-Velho evoca um símbolo, que é a do negro africano, ancião e também brasileiro. Nessa miscelânea que é a presença dos negros velhos no terreiro, observamos não só a cultura africana manifestada nas expressões verbais e idiomáticas, como também a de novo comportamento, daquele que reza para o Orixá e da mesma forma para o santo. Bate cabeça para Jesus e canta para o Orixá, essa é a manifestação genuína de nosso Preto-Velho.

Será essa entidade que trará o culto de Orixá ressignificado para a Umbanda, pois a crença no panteão de deuses africanos nessa vertente irá dividir seu espaço com a fé cristã já inserida na religião e que, mais do que somente cristã, nesse contexto, percebe-se como essencialmente católica. A própria tentativa de sincretizar o santo com o Orixá demarca essa forte influência católica no ambiente de terreiro.

Reiterando, cada uma dessas entidades são espíritos humanos que carregam suas histórias de vida, mas isso não importa. A história que nós conhecemos de o Caboclo das Sete Encruzilhadas ter sido o frei Gabriel Malagrida é algo pontual e não precisa se repetir. Quando um Caboclo vem em terra e diz "sou o Caboclo Ubirajara" ou "sou o Caboclo Sete Flechas", ou um Preto-Velho se anuncia como "sou Pai João", sou "Vó Maria Congá", todos esses são símbolos. Eles não precisam dizer o nome que tiveram em vida, onde nasceram, como morreram ou onde foram enterrados. Nada disso importa. Nesse gesto, notamos mais uma vez a Umbanda como revolucionária, na qual o anonimato é a potência. Não se faz necessário saber quem eram aqueles espíritos, se foram alguém de relevância cultural ou intelectual, porque quando estão manifestados eles trazem uma força divina que está no Orixá e em Deus. O anonimato é seu poder, porque o que deve importar é o que cada um desses espíritos representa, manifesta e exprime na vida das pessoas.

Quando um Caboclo Sete Flechas muda o curso da vida de um encarnado para melhor, já não importa qual foi sua trajetória em vida, importa que a força de Sete Flechas esteve presente mais uma vez na vida de alguém. Isso é um símbolo de Deus manifestado e é o que para nós interessa.

Linhas de trabalho espiritual

Para a forma como essas entidades se organizam, denominamos de linhas de trabalho. Essa é uma ciência particular da Umbanda, onde acontece o reconhecimento das na qual hierarquias, fundamentos, alicerce das linhas nos Orixás, a origem dos arquétipos e em quais campos cada um desses espíritos atuam. Por exemplo, Caboclo é um grau dentro do plano espiritual no que tange à Umbanda. Esse grau reúne espíritos que estão nesse nível de evolução e que buscam também ser portadores do axé manifestado pelos Orixás, interagindo com a humanidade por meio da espiritualidade da Umbanda.

    O Caboclo Sete Flechas que eu venho citando como exemplo é o nome de uma falange. Falange é um grupo particular de espíritos que estão em um grau e que recebem uma regência específica: Tupinambás, Aimorés, Sete Pedreiras, Sete Montanhas, Caboclo do Fogo, Caboclo das Águas, Caboclo das Cachoeiras, Caboclo Sete Ondas..., dentre inúmeras outras denominações. Todas essas são falanges que aglutinam milhares de espíritos que vão levar o mesmo nome. É possível a presença de dez Caboclos Pena Branca em um só terreiro, isso não é um problema. São eles espíritos que compõem a mesma falange e, em uma analogia, é como se eles tivessem recebido a mesma patente, contudo não são um só espírito. O nome dessas falanges normalmente se referem ao codinome usado pelo **mestre ascensionado**[13] que deu origem ou criou essa "categoria", que aglomera espíritos com funções em comum. Esse espírito criador de falange já não incorpora e se encontra em outro nível de consciência. Nem mesmo as entidades que carregam seu nome têm contato direto com essa manifestação. Esse mestre, dentro do grau Caboclo, é o sustentador mental e vibratório daquilo que denominamos nesta leitura como falange.

---

13. Espírito que atingiu o grau celestial de consciência e se torna o mental sustentador de toda uma via evolutiva que congrega milhares de espíritos conectados à sua vibração.

Com isso posto, nós temos as linhas de trabalho, às quais chamamos de linha do Caboclo, linha do Preto-Velho, linha dos Baianos, linha dos Boiadeiros e assim por diante.

Nessas linhas estão as falanges que, como citado, agregam milhares de espíritos. Não dá para pontuar quantas e quais falanges existem até o momento. De tempos em tempos, novas surgem e tantas outras se extinguem, e é assim que acontece a mobilidade do mundo espiritual. Os que tentaram descrever e sistematizar a existência dessas falanges acabaram presos à presunção de uma autoridade que não lhes foi concedida. Inclusive, a tentação da maioria dos autores e intelectuais é a de pôr pontos finais em algumas questões. Quando isso acontece, a tendência é que se engessem os conhecimentos nesse determinado assunto. A Umbanda opera contra essa maré, até mesmo porque entre as denominações das linhas de trabalhos e falanges há também a presença de grupos de espíritos. Temos como exemplo dessas manifestações os canoeiros. Nenhum destes são em si os espíritos que congregam na linha dos Marinheiros. Podemos dizer que eles não fazem parte dessa "patente" ou que não são incumbidos das mesmas atribuições dos Marinheiros, entretanto, estão amparados por essa linha, que se conceitua como um fundamento. Os canoeiros de Umbanda não têm um fundamento que os consolide como uma linha, mas pela semelhança do trabalho desempenhado, pela partilha de mistérios e identificação nas magias empregadas, manifestam-se sustentados pela linha dos Marinheiros.

Dessa forma, nem todo espírito manifestado no terreiro é em si uma linha ou está dentro de uma falange. Ele pode apenas ser um indivíduo do plano espiritual, fazendo-se presente para realizar algo particular naquele ambiente.

Outro ponto que cabe destaque aqui é a confusão semântica que acontece na Umbanda ao utilizar-se da palavra linha para vários significados. É comum que se mencionem as sete linhas de Umbanda dos Orixás e depois as entendamos como sinônimo das linhas de trabalho das entidades, e é nesse momento que acontece uma confusão. Se não desmembrarmos esses conceitos, nunca conseguiremos fechar essa conta. É preciso que se tenha claro que sete linhas de Umbanda não são linhas das entidades. As linhas das entidades ou de trabalho referem-se à organização dos espíritos humanos desencarnados que trabalham na espiritualidade da Umbanda e se manifestam nos terreiros como Caboclos, Preto-Velhos, Crianças, etc. Já as sete linhas de Umbanda são as irradiações de Deus, tidas como mistérios ou particularidades, onde estão assentados os Sagrados Orixás. A assimilação da diferença entre esses dois conceitos é essencial para o entendimento do sistema de crenças da Umbanda.

Sobre as manifestações espirituais vividas no ambiente de terreiro, considero que o mais importante é que nosso olhar esteja atento ao que tange à essência da religião. Ao afirmar essa prerrogativa, evoco os valores que a vivência com os guias pretende transmitir. Aquém de todas as particularidades, esse relacionamento propõe ensinar e plantar em cada indivíduo que esteve ali algo maior. As entidades são espíritos que já transcenderam e retornam por meio da mediunidade ao convívio terreno na intenção de interagir com os encarnados manifestando o amor. A partir dessa relação, entende-se também que haja uma transformação no que se refere a uma melhor forma de se viver em terra.

Tudo de que preciso os guias me ensinam?

A esta altura, você já deve ter se questionado: por que as entidades não vêm ao terreiro e esclarecem todas essas questões? Bom, enganam-se aqueles que acham que os guias virão ou devam vir para palestrar, filosofar ou ministrar aulas. Na contrapartida desse pensamento, destaco que há mediunidades com características e finalidades afins, com a transmissão de conhecimento do plano espiritual. Como exemplo podemos citar a psicografia, em que temos Pai Rubens Saraceni, com mais de 80 títulos psicografados e publicados, sendo sua vida um marco para a religião. No momento em que Pai Rubens se fechava para o exercício da psicografia, a entidade manifestada tinha como objetivo ensinar por meio das palavras e da escrita. Tudo isso acontecia em um discurso já organizado.

O terreiro, em si, não é o ambiente para isso. A gira é um momento de socorro, acolhimento e condução espiritual. Não faz sentido para a pessoa que está na consulência atormentada, com suas dores emocionais e questões existenciais ser atendida por um Caboclo que, ao incorporar, começa a palestrar sobre cosmogênese, sobre o não destino ou sobre uma revelação espiritual técnica, organizada e sistemática, quando na verdade o objetivo dessa pessoa ao estar ali é apenas o de eliminar sua dor.

O médico não chega ao corredor dos centros de emergência e começa a explicar para aquelas pessoas como ele fará o socorro. Ele simplesmente resolve o problema, sem que o indivíduo tenha a menor noção do que foi feito para, por exemplo, consertar sua "fratura exposta". A gira tem esse papel. Em qualquer terreiro é possível notar que as entidades vêm para o atendimento. Não ficam de conversa. Se por acaso um terreiro tem um dia de estudo e o Caboclo "vem em terra" para palestrar, está tudo certo. Isso pode acontecer perfeitamente. O que ressalto aqui é que o papel da revelação de ensinamentos mais profundos e teóricos é de quem tem uma mediunidade para essa função. Pode ser também de quem assimila todos esses conhecimentos e os transforma em algo palpável para o grande público.

Do que precisamos nos libertar, na verdade, é da falácia de que tudo o que temos que aprender é com os guias e no terreiro. Essas questões não serão tratadas em um terreiro, que não tem seu trabalho vocacionado para essa particularidade.

Estar com as entidades manifestadas é algo muito caro e grato. É especial e precisa impactar a alma das pessoas.

Mediunidade

A Umbanda é essencialmente mediúnica, desde sua apresentação já comentada no início da obra até sua consolidação; ela se afirma, se desenvolve e se justifica por meio da comunicação com o plano espiritual, em especial pela incorporação. É possível afirmar que a incorporação seja a mediunidade base ou típica umbandista. A forma como ela se dá, quando os espíritos que estão no astral vinculados ao movimento da Umbanda são recepcionados por ela, não acontece mantendo essa configuração em nenhuma outra denominação religiosa.

Eu pontuo essa questão, porque embora um médium não vivencie sua mediunidade no ambiente de Umbanda, mas manifeste Caboclos e Pretos-Velhos, nós já conseguimos identificar que ali está a Umbanda. Essas manifestações são a essência da religião. Além disso, como posto, é possível segmentar a incorporação como um tipo particular de mediunidade de Umbanda, também denominada de mediunismo de terreiro.

Para essa religião a mediunidade transcorre como algo muito natural, tal como respirar. Por isso, não há nada de especial em ser médium. O médium é o indivíduo que está apto a interagir conscientemente com outra realidade, que é a espiritual. No processo de desenvolvimento mediúnico, ele aprende de maneira sistemática a se relacionar com aquilo que é algo inerente a ele. A mediunidade é uma capacidade particular desse indivíduo. Cada um terá um nível, uma particularidade e faculdades mediúnicas típicas do trabalho que irá exercer. Por isso, há aqueles que incorporam, há os que também psicografam, outros que têm todas essas e mais a clarividência, bem como os que só têm psicografia ou só a vidência, enfim, uma miscelânea de probabilidades mediúnicas. O fato é que a Umbanda flui por meio da mediunidade. Ninguém terá Umbanda se não houver o exercício mediúnico manifestando sua existência. Você pode ser umbandista e não ser médium incorporante, mas para que a Umbanda flua é necessário que haja um médium, incorporando e manifestando a magia da religião, que é a presença do espírito.

Sendo a mediunidade a base e a natureza dessa religião, consolida-se como algo muito natural; por isso, o médium não é nada mais do que alguém que interage com o plano espiritual. Ser médium não faz de você uma pessoa detentora de poder ou um alguém superior. A mediunidade não é indicativo de evolução; caso fosse, os que praticam atos perversos por meio de seu uso não seriam capazes de realizá-los, pois então a evolução seria o pré-requisito para tê-la. A mediunidade não escolhe em quem vai acontecer, simplesmente é uma característica dos encarnados, sendo que cada um trará consigo uma dessas faculdades. É parte de seu organismo espiritual, é um **sentido sensorial**.[14]

Quando o indivíduo está desenvolvido para a Umbanda, sua mediunidade de certa forma está devocionada a essa vibração e magnetismo religioso. Portanto, nós temos o encontro dele, que entende que faz parte de um todo maior e que também é a porta de acesso a um universo divino, mágico e religioso, que é a espiritualidade de Umbanda. Esse médium sabe que não é o detentor do poder, mas uma via de acesso àqueles que têm valor, os Orixás, os mestres da luz e ainda a reinos e realidades diversas.

---

14. A mediunidade é compreendida aqui como o Sexto Sentido Sensorial, que, diferentemente dos outros cinco básicos (tato, olfato, visão, audição e paladar), se manifesta do espírito para o corpo físico. Saiba mais em: <www.mediunidadenaumbanda.com.br>.

O médium é aquele que, em parceria com o mundo espiritual, faz de sua vida algo melhor e assim também favorece a vida daqueles que, por seu intermédio, encontraram um caminho de fé. Priorizo que entendamos que a mediunidade é um sentido sensorial natural a nós, tanto quanto o olfato, a visão, a audição ou qualquer outro. Manifesta-se de maneira peculiar e é uma oportunidade de aperfeiçoamento de si e do mundo à sua volta. Não que ela exista para esse objetivo, mas se você "está médium" na Umbanda, ao menos nessa crença, a mediunidade só é válida para a prática do amor. Só faz sentido tê-la no ambiente de terreiro se for para desenvolver o exercício de expansão da consciência, trabalhando para melhorar-se à medida que também melhora a experiência de vida do outro.

Por meio da mediunidade Deus fala aos corações. Ela não é um ofício, não é um esporte nem uma profissão que você pratica, é uma característica que indivíduos médiuns dispõem.

Umbanda, uma religião mágica

Ao afirmar que a Umbanda é uma religião mágica, precisamos ter o cuidado em distanciar esse conceito do que entendemos por **ilusionismo**.[15] Ela é mágica porque faz o uso da magia em sua ritualística e prática. Contudo,

---

15. É a arte performativa que tem como objetivo entreter o público, dando a ilusão de que algo impossível ou sobrenatural ocorreu. Os praticantes dessa atividade designam-se ilusionistas ou mágicos.

não é sustentada pela crendice de quem acredita em supostos efeitos e manifestações curiosas sem a menor consciência dos procedimentos e desencadeamento técnico. A Umbanda tem a magia como **arte real**,[16] de quem manipula energias do mundo natural configurando-as e transformando-as, assim como acontece na história da humanidade desde os primórdios dos tempos. Quando o homem entende que há um ser superior a ele e que existe um universo que o cerca que está além de sua percepção imediata da matéria, de alguma forma ele percebe que há outro padrão de elementos passíveis de manipulação. Esses são registros antropológicos, evidenciados nas pinturas das cavernas, nas gravuras em pirâmides e na arquitetura das edificações gregas. São descobertas contadas nas paredes e em todo tipo de arte produzida por nossos ancestrais.

    Excluindo as extravagâncias e os exageros ao teorizar a história dos faraós do Egito, ainda se sabe que os egípcios eram um povo que tinha uma rica cultura religiosa, em que a organização militar, política e econômica era também ordenada pela religião. Na hierarquia egípcia existiam os *dominantes* e *dominados*, sendo que o primeiro

---

16. Termo cunhado pela Maçonaria, como autossinônimo, por se tratar de uma Arte destinada à construção de caráter humano. A Maçonaria adotou como base de sua filosofia e como suporte do seu simbolismo os fundamentos e as ferramentas da ciência contida na arte de construir. Na Umbanda, o termo passa a ser usado por Alexandre Cumino e Rodrigo Queiroz a partir do estudo da magia para esse ambiente religioso. Magia – A Arte Real vem a ser o caminho de autoconhecimento e empoderamento mágico por meio de uma consciência desperta. Saiba mais em: <www.magiaartereal.com.br>.

grupo era composto de nobres, sacerdotes e escribas, que nessa pirâmide ficavam abaixo somente dos faraós, estes considerados deuses em terra. E o segundo era preenchido pela classe operária, artesãos, camponeses e escravos. Além da religião, que ditava o sistema de organização do povo egípcio, o desbravamento da alquimia natural proveniente da natureza era uma forte característica desses povos. A própria química, medicina e matemática têm origem nas incursões científicas egípcias para resoluções de problemas práticos cotidianos.

Por mais que hoje entendamos cientificamente o processo de mumificação, ela não acontecia somente pela manipulação de elementos químicos. Seu processo se dava também por meio de rezas e rituais. Os elementos e os produtos utilizados na mumificação tomavam poder de realização a partir do verbo externado pela oração no momento do ato funerário. O objetivo era o encantamento, a eternização daquele faraó para o momento da ressureição de sua alma. Esse rito era um privilégio de poucos, e junto dos corpos abastados eram depositados alimentos, roupas, joias e um exemplar do *Livro dos Mortos*, para que sua leitura pudesse ser realizada perante o tribunal de Osíris.

Abri esse parêntese para fazer entender que o homem em sua própria ancestralidade é um ser mágico, que se faz devocionado à constatação da magia como algo concreto, palpável e construída como uma ciência não ortodoxa dos tempos atuais. Quando se diz sobre a Umbanda ser uma religião mágica, pretendemos com isso evidenciar que a magia é uma das faces dessa religião, na qual o ato magístico se concebe por meio da ação.

Não se faz magia apenas por intenção. Por exemplo: existe a intenção de se movimentar e existe o movimento em si. Simbolicamente isso demarca que a Umbanda não é uma religião passiva. Mesmo a reza e a oração permeiam duas facetas que são a da contemplação ou exaltação e a do **peditório**;[17] a Umbanda refuta uma relação de codependência. A oração nessa crença é sugerida pelos guias quando o que sai de você é um anseio, não uma mera vontade, mas a exteriorização daquilo que está no mais profundo de seu íntimo. No momento em que isso acontece, sua alma se cala e dá passagem para a verbalização de algo construído junto daquela fonte de inspiração e fé. Essa junção é que deve tomar a voz quando o indivíduo pretende realizar uma oração no contexto da Umbanda.

Quando você pede para o Orixá interceder em sua causa emergencial, quem toma a frente nesse momento é sua consciência mais superficial e imediata, não é sua alma que teve a percepção de processar, mentalizar ou refletir a realidade enfrentada por você agora. Por isso, ao incentivar e inspirar o *religare*,[18] a Umbanda traz imbuído nesse conceito o ideal de ação, excluindo de si a prática contemplativa.

Já as religiões de contemplação têm como marca a conduta de reverência, em que o comum na prática litúrgica é o ajoelhar e rezar, em uma postura mais distanciada do que se tem como referência do sagrado naquele ambiente.

---

17. Ato de pedir incessantemente.
18. Do latim, significa "ligar novamente" no sentido de retornar à origem ou à essência; teologicamente, a essência e origem do homem é Deus. Daí o termo religião, uma adaptação de *religare*.

A Umbanda se articula no avesso disso, trazendo o adepto para junto do que é considerado divino. Com frequência, as entidades afirmam "Deus está em você". Temos no próprio Cristo um referencial muito forte de fonte inspirativa.

Trago neste ponto um trecho bíblico do Salmo 82:6 que ilustra aquilo que pretendo tratar: *"Eu declarei: vós, ó juízes, sois como deuses; todos vós sois filhos do Altíssimo!"*. Nesse versículo não é posto que somos nós criadores de um universo cosmogônico, mas que somos ou podemos ser criadores de nosso próprio universo no que tange ao nosso íntimo, nosso emocional e infinito particular.

Se nós não detemos o poder de criar planetas e o espaço sideral, temos contudo a autonomia de criar nossa própria realidade. Por isso, elaboramos a vida que desejamos ter. Isso é ser o criador da sua própria realidade. "Vós sois como deuses" é um alerta de que, se você é filho de Deus, carrega em si a partícula genética e espiritual d'Ele e, assim, Sua existência também está em você. Na Umbanda, desenvolver a consciência de que somos criadores de nossa própria condição é algo muito forte. Ao chegar para um **Exu**[19] se lamentando sobre um fato, é muito provável que ele gargalhe na sua cara e diga: "Agora, levante, sacuda a poeira e caminhe adiante", pois a solução se encontra exclusivamente em você. "Acenda a sua vela, faça esse padê. Mas não esqueça de fazer a sua parte." O que ele quer dizer com isso? Ele tenta aqui abrir os olhos para que nós

---

19. Entidade que atua como a esquerda dos Orixás, como executora da vontade divina, segundo Rubens Saraceni em sua Doutrina e Teologia de Umbanda Sagrada(Madras Editora). Saiba mais em *Exu não é Diabo,* de Alexandre Cumino(Madras Editora)..

entendamos que mesmo feito tudo isso, a responsabilidade dos resultados ainda está em nossas mãos.

Depois de fundamentar essa questão, posso afirmar neste momento da leitura que a **Umbanda é uma religião de empoderamento**.[20] A proposta da Umbanda caminha para que o indivíduo apodere-se de si, de sua própria existência e alma. A responsabilidade de suas delegações não fica mais a encargo de Deus. Uma das traduções ditas pelo Caboclo da Sete Encruzilhadas para a palavra Umbanda é "Deus conosco". Nenhum de nós está a par de Deus, mas somos parte d'Ele. Quando isso é assimilado, a pessoa abandona a posição de pedinte, vai e realiza. Isso é estar empoderado, e são esses princípios que a Umbanda ensina. É o que eu, Rodrigo Queiroz, desde em 1996 na religião, venho aprendendo no convívio diário. Em todas as vezes em que chorei, lamentei e pedi, não tive a experiência de ver um milagre acontecendo. E em todas as vezes em que resolvi conflitos perante minhas relações humanas, não foi porque o guia resolveu para mim, mas porque de alguma forma eu assimilei uma inspiração, ouvi um conselho e levei em conta as palavras desses mestres. Mas nunca foram eles que fizeram por mim. Foi preciso que eu admitisse o erro, assimilasse o que me foi aconselhado e, perante a situação, agisse. Então, sou dono de mim, de minha vida e de minha realidade. Essa postura já é um aspecto da Magia da Umbanda.

Em um mundo (principalmente aqui no Ocidente) onde temos uma predominância religiosa, em que pessoas

---

20. No sentido de que o foco dela é a emancipação espiritual do homem por meio de um profundo despertar de consciência e autorresponsabilidade perante a vida.

são estimuladas o tempo todo a pagar para Deus realizar feitos a elas, os indivíduos são levados a crer que existe um missionário ou um guru que se articula como seu representante perante Deus. A Umbanda trabalha no total contrafluxo dessas prerrogativas. Ela transgride e tira o indivíduo da manada para que este comece a se perceber. Não porque é uma crença revoltosa, mas porque é revolucionária. Uma religião que tem como proposta que as pessoas não precisem mais dela pode parecer um completo equívoco e transgride o habitual.

A magia mística e filosófica da Umbanda é isso. É o preparo do indivíduo para que este não precise da religião para ser feliz, entendendo que somos autônomos e a via religiosa é um caminho de consciência. Nessa perspectiva afirmo novamente que a Umbanda é uma religião de empoderamento, sendo que a relação com o divino acontece em uma proximidade maior do que com as demais. No cotidiano da prática de terreiro constantemente as pessoas são convocadas a entender esse fundamento, e é nesse instante que entra um mecanismo simples e muito comum: a oferenda.

Sempre que adentramos a temática das oferendas de Umbanda, repetidamente as pessoas questionam: "Mas, precisa?". Essa pergunta está colocada em um contexto errado, porque não se trata de precisar, mas sim de entendimento. Você faz o uso da prática ofertatória porque sabe, entende e por isso pode realizá-la. A **oferenda**[21] é o ato mágico religioso presente no dia a dia do umbandista

---

21. Aprofunde-se no link <www.oferendasnaumbanda.com.br> e acesse materiais exclusivos.

de qualquer terreiro. Independentemente de outros estudos sobre magia empregados naquela casa, há algo que é genuíno dessa religião, que é o ato da oferenda nos moldes da Umbanda. Nele acontece o uso dos elementos naturais, nunca de animais e, portanto, é comum a presença de raízes, folhas, frutos, cereais, vegetais e ervas. É distante, por exemplo, do conceito que se tem de oferenda em outras religiões.

Na Umbanda, a oferenda é um ato mágico-religioso e não se estabelece como um peditório. Não usamos a oferenda como alimento material do Orixá ou do guia nem em contrapartida pedimos algo em troca, como um "toma lá da cá". O umbandista consciente sabe que quando montamos uma oferenda partindo do conhecimento técnico sobre aqueles elementos, estamos abrindo espaço para o desencadeamento de uma ação maior, que acontece por meio da manipulação de energias naturais.

A oferenda é um caminho de assimilação e contato com a outra realidade, a espiritual. Diferentemente da mediunidade, o ato magístico se dispõe como uma **ação**, e quando o indivíduo se movimenta para realizar a sua oferenda, naquele momento é ele quem o faz. Na manifestação mediúnica não é assim que acontece, pois todas as magias empregadas realizam-se em conjunto, entidade e médium. Ainda ressalto que entidade incorporada é limitada no que se trata de manipulações energéticas nessa nossa realidade física.

Como via de entendimento das diferenciações entre a oferenda desempenhada pelo indivíduo e a magia que acontece por meio das mãos da entidade, colocarei uma ilustração. Vamos pensar em uma pessoa acamada, que se encontra com o corpo físico afetado, o emocional destruído e o espiritual manipulado. Essa pessoa não tem forças nem para ir até o terreiro tomar um passe. O que está acontecendo é uma ação espiritual que já deturpou seu físico e psicológico. Nessa situação, a ida ao terreiro não basta. Algo que aquele indivíduo fez propiciou seu estado de vida naquele momento. Por mais que alguém tenha desencadeado essa ação negativa, ainda assim, foi ele quem criou condições para que isso viesse afetá-lo. Nesse caso é preciso haver uma intercessão, que não acontece somente pela reza, nem mesmo com a entidade incorporada.

Reconhece-se então a necessidade da manipulação de energias naturais, que nada mais é do que a magia. A palavra oferenda é o recurso linguístico que se estabeleceu no momento em que foram sendo empregados esses atos mágico-religiosos na religião. Quando ela começa a ser trazida para os terreiros, por volta de 1910, não cabia, por exemplo, Zélio de Moraes chegar e dizer que aquelas eram magias. Seria muito complicado explicar o sentido desse termo.

Oferenda, assim, demarcou a designação de uma ciência particular na Umbanda que reconhece que, por meio dos elementos componentes daquela magística, há a possibilidade de se abrir portais, acessar realidades e evocar estruturas espirituais.

Ela se conceitua também como uma manipulação **prânica**[22] de tais elementos. Mas não poderia a entidade

---

22. Do sânscrito, significa energia vital, aqui é a denominação da energia vital dos elementos vegetais.

responsável por aquela oferenda executar a ação por si só? Por exemplo, a entidade incorporada não poderia ir a uma plantação de mamão coletar o prana dessa fruta e usá-lo?

Não. Existem leis rígidas sobre as limitações de atuação entre a realidade à qual pertencemos e as demais. Os espíritos não são livres para atuar do jeito que bem entendem no plano terreno. Por isso, quando ouvimos relatos sobre demanda, magia negativa e espíritos que estão prejudicando pessoas encarnadas, sabemos que essa ação por si só já se configura como um "crime".

Esses são entes que se encontram fora da lei divina. A ação prática dos espíritos para interferir nessa realidade necessita de um gatilho estimulado no plano material. A entidade – salvo casos específicos – não pode aleatoriamente aparecer e querer ajudar um indivíduo encarnado. O médium, nesse caso, atua como o gatilho necessário para que isso se concretize deste lado da vida.

O médium é o cruzamento entre as duas realidades. A magia é a chave de ativação que permite que espíritos tenham a permissão de agir nesta realidade.

Retomando o exemplo citado neste capítulo, ao fazer uma oferenda em prol da pessoa doente a Pai Obaluayê, O Senhor da Cura, tanto o Orixá quanto os espíritos que agem por intermédio da vibração dessa divindade só terão a permissão de agir em benefício do indivíduo se a ativação mágica for concretizada por um médium ou por uma pessoa preparada, mas que seja ela um encarnado. Do contrário, nada feito.

Realizar ações pela via do bem é ainda mais complicado e burocrático do que desempenhar ações nocivas. Assim como acontece em nossa própria realidade humana, o que está pelo errado é mais facilmente ofertado do que as relações saudáveis. É algo óbvio: matar uma pessoa é mais fácil do que curá-la.

Com isso posto, o médium ou o agente ativador da magia é aquele que propicia liberdade e condição de ação do mundo espiritual nesta realidade. Tudo isso que eu descrevo até aqui e ao ler parece um conceito muito técnico, mas é o dia a dia da Umbanda. Não se permita apequenar a oferenda e a magia nem confunda as coisas. O ato de acender uma vela não é o mesmo que fazer uma magia com velas. Colocar um copo de água em seu altar não é o mesmo que fazer uma oferenda utilizando-se da água. São procedimentos e ativações diferentes. A oferenda é, portanto, esse rito mágico-religioso, está na religião como um ato de oração. Ele é tão comum e natural como rezar, e vai se fazer mais presente ainda na vivência religiosa de quem está começando.

Existe um procedimento vibratório que precisa ser manipulado àqueles que estão desenvolvendo sua vida mediúnica. Por isso é comum que as entidades nesse momento orientem periodicamente, em um espaço de tempo mais curto do que o comum, a elaboração das oferendas.

Em um olhar religioso, a oferenda se concebe como um momento de contemplação, introspecção e relacionamento com o sagrado. Já no entendimento prático de magia é a forma de ativação de outras realidades e a manipulação de energias naturais à vontade de quem a realiza.

Essa é a maneira que a Umbanda tem de ensinar que se existe um objetivo ao qual você almeja alcançar, é necessário, antes de tudo, agir. A ação se concretiza como o lema básico do **ser umbandista**. Ao se considerar umbandista, você já entende que é livre e, por isso, precisa ser também autônomo em suas decisões. A autonomia religiosa é característica daquele que se relaciona com Deus e os Orixás juntos e não terceirizou ou delegou seus problemas a outrem. A oferenda é o indivíduo na ação, junto. Ela é o procedimento mais básico e singular da religião.

Ao encerrar essas reflexões sobre a Umbanda como uma religião mágica, é importante salientar que a magia não é um privilégio dessa crença. Todas as religiões, principalmente as mais naturais, têm em uma de suas faces a magia: o exercício **sufista**[23] do islã, a **Kabbalah** dos judeus, os vários ritos vividos no Candomblé, assim como os muitos relatos místicos do próprio Catolicismo medieval. A religião por si só acontece na prática se ela manifestar alguma experiência mística. Místico não no sentido do *new age*, mas no que tange à espiritualidade ou de algo que nem sempre consegue ser explicado em palavras. Também aquele que é observado como transcendente no trato religioso.

Ao entender sobre magia, é possível reconhecer sua presença nas práticas litúrgicas ou reservadas de diversas

---

23. Praticante do sufismo, corrente mística do islamismo.

frentes religiosas. Na Umbanda ela acontece de maneira aberta, acessível e palpável a todos que nela se encontram.

Ademais, ao realizar-se como uma religião, pontua que tudo o que permeia seus fundamentos ancora-se na prática do amor. Com a magia não seria diferente.

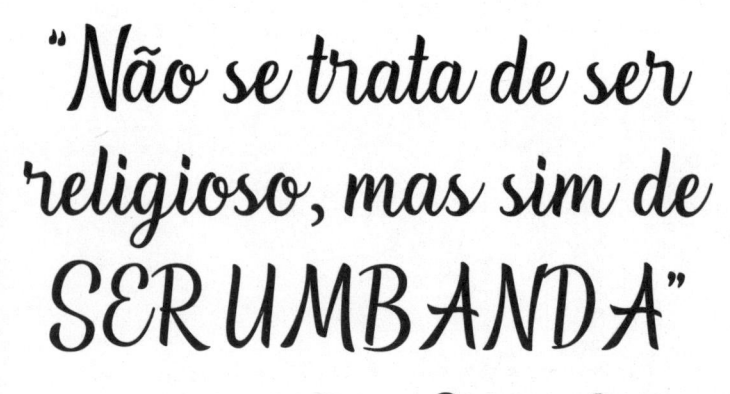

"Não se trata de ser religioso, mas sim de SER UMBANDA"

-Rodrigo Queiroz

Parte IV

Filosofia Umbandista

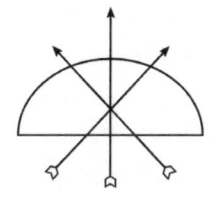

Do Terreiro para a Vida

Reencarnação

Quando pontuamos que a Umbanda é uma religião mediúnica, entramos na premissa de que ela também é **evolucionista**. Não como na **Teoria Darwinista**,[24] porém mais perto do que compõe a filosofia espírita, que por sua vez também é um resgate e uma releitura da concepção de evolução tida na cultura oriental. É a afirmação de que o ser humano, na qualidade de alma encarnada, está em processo evolutivo. Já faz parte de uma verdade universal, que compõe um dos pilares da crença na Umbanda. Para a religião, encarnar é um processo de aprendizado.

---

24. Charles Darwin (1809-1882), naturalista inglês, desenvolveu uma teoria evolutiva que é a base da moderna teoria sintética: a teoria da seleção natural. Segundo Darwin, os organismos mais bem adaptados ao meio têm maiores chances de sobrevivência do que os menos adaptados, deixando um número maior de descendentes.

Pretendo destrinchar neste ponto o que significa o processo de reencarnação dentro da ótica umbandista realmente. Muito se fala sobre reencarnação, com base em filosofias orientalistas, mais precisamente as tibetanas. Existem também algumas versões hinduístas e há também fortemente no ambiente umbandista o olhar espírita para a reencarnação. É preciso ter coragem para contestar algumas questões, pois quando o assunto é o conhecimento, nada permanece imutável. Quando você pretende acreditar em reencarnação, é preciso aceitar outro conceito universal preconizado anteriormente em outras culturas, como o **carma**.[25] Em visões ocidentais, ele aparece como um peso e tudo o que acontece em sua vida relacionado ao sofrimento, à dificuldade e ao enfrentamento é delegado ao carma. Como se ele fosse o purgar de suas ações pretéritas, anteriores a esta vida e que você não tem a menor ideia do que seja. Mesmo nascendo com a anulação da memória, ainda continuaremos penitenciando questões as quais nem imaginamos que existiram. Parece-me no mínimo curioso que alguém pague por uma dívida que não tem conhecimento de como contraiu. O carma é inserido, portanto, como a fonte de todo mal, dor, sofrimento e dificuldade que você vive nesta vida.

A Umbanda enfrenta essa questão mais próxima de um olhar budista tibetano, que entende que não há carma bom ou

---

25. Carma/Karma – no hinduísmo e no budismo, lei que afirma a sujeição humana à causalidade moral, de tal forma que toda ação (boa ou má) gera uma reação que retorna com a mesma qualidade e intensidade a quem a realizou, nesta ou em encarnação futura (a transformação pode dar-se em direção ao aperfeiçoamento ou de forma regressiva – o renascimento como animal, vegetal ou mineral).

ruim e, também, que o carma não é pagamento de contas, mas que de alguma maneira é um lastro do que cada um traz consigo. Há igualmente um aspecto de que o carma seja o "reajuste" de algo que esteja descompensado em si, mas que, mesmo assim, não significa dor.

Você pode ser pai de um espírito que outrora foi seu antagônico. Pode ter sido ele o causador de brigas, guerras e disputas em sua vida. O desarranjo entre vocês foi tão grande que, ao retornar a este plano, voltam na condição de pai e filho. Tudo isso é uma providência divina que também não significa que esses indivíduos, como pai e filho, irão ter um relacionamento problemático. Pensar dessa forma seria nutrir um pensamento simplório, porque justamente a relação de amor existente entre pai e filho é a resolução de todos esses conflitos. Esse amor é biológico, não é necessariamente espiritual. Quando alguém, na experiência humana da condição de pai, traz à luz um ser que vai levar seu sangue e nome, quando o homem sente a paternidade e a mulher sente a maternidade efetivamente em sua vida, isso é transformador, é visceral. Essa experiência habita nas entranhas do ser. O amor visceral só é possível viver e sentir em uma relação de pai e filho ou de mãe e filho. Não há nada parecido com essa vivência. Não há nenhum outro tipo de amor que possa se assemelhar. É biológico, quase um instinto natural. O homem, em sua natureza animalesca, reconhece no outro parte dele e sua continuidade. Isso é muito forte.

Não é preciso que pai e filho tenham conflitos ideológicos e comportamentais para dizer que aquilo é um carma e que aquelas pessoas teriam sido inimigas em uma vida passada. Todo esse ideal beira a infantilidade quando o assunto é evolução, reencarnação e carma. Na Umbanda, o entendimento sobre o carma estende-se para a compreensão de que tudo em nossas vidas carrega um passado. Ainda assim, você pode viver e passar por esse reflexo de uma forma muito tranquila. Entende-se que não faz sentido sofrer sem a experiência e o entendimento sobre o que se passa, pois, senão, é provável que você só se revolte e não se reorganize.

Entendemos que Deus é mais soberano que nós e é em si a fonte do amor. Se Deus ama, então Ele não se vinga. Onde há amor, não há ódio nem ira, e não cabe a vingança. O carma seria a devolutiva daquele que precisa que você pague por seus erros. Mas Deus, como onisciência, já previa tudo o que eu iria fazer e então por que seria Ele aquele que me faz pagar por um erro, que Ele já sabia que iria acontecer? Isso é ou não uma visão que coloca Deus como um sádico? Se Deus é onisciente, está à frente de mim o tempo todo. Sabe de mim e me conhece antes de eu mesmo me conhecer. Portanto, tem conhecimento de todas as minhas fraquezas, potências e virtudes. Sabe quando, como e por que eu vou errar. Por isso não cabe a Ele o peso das frustrações, já que essa é a experiência daquele que cria expectativa. Deus sendo aquele que está sempre antes, não nutre essa relação com sua criação, pois do contrário não seria Ele o Criador.

Concebendo Deus como tal, criador de tudo e de todos e onisciente de todas as nossas tramas, é preciso que se renuncie a algumas crendices. São nelas que estão intrínsecos os ideais de que Deus pode se rebelar contra o homem ou de que devemos pagar por alguma dívida contraída em uma ocasião em que nem imaginamos como.

Eu, que sou pai de três filhos, humano e repleto de limitações, quando noto que um deles fez algo exagerado, eu os repreendo. Mesmo assim, não consigo ficar chateado com eles mais do que pouquíssimos minutos. Acredito que se Deus é o que é, Ele é muito melhor do que eu. De alguma maneira, na relação que eu nutro com meus filhos, tento me inspirar em Deus, presumindo que Ele é muito maior do que eu.

Agora começa a ficar mais fácil vislumbrar o amor manifestado em Deus. Se Ele é o amor, supremo e puro está à frente e sabe de tudo antes, por que iria me punir por algo que eu sequer tinha consciência?

Com isso, não estou afirmando que tudo o que acontece são fios soltos, mas que a experiência existencial é muito mais leve do que as religiões anteriores tentaram disseminar. Deus é, na verdade, mais você em plenitude do que o contrário disso.

Ele não representa nada que diga sobre aprisionamento, castigo ou que carregue sentimentos vingativos. Não é dogma nem está no dogma. Com isso, temos a noção de reencarnação na Umbanda como algo que diz respeito a um *continuum*, infinitas possibilidades de experiências e aprendizados interconectados em sucessão.

As demais crenças reencarnacionistas anteriores e paralelas à Umbanda, como a hinduísta, tibetana e a espírita, entendem que a reencarnação é constante e eterna. A Umbanda não crê nisso. Para nós, existe determinado número de chances para o processo reencarnatório acontecer. Embora nada seja impossível, essas chances se esgotam. Chega um ponto em que aquele espírito não tem mais a oportunidade de voltar. De maneira simbólica, podemos dizer que ele perdeu todas as suas chances.

Neste ponto eu coloco: quem é o Exu? É aquele que sofreu a queda no processo evolutivo reencarnatório e perdeu a chance de voltar. Não sabemos quantas vezes ele já passou por isso, mas entendemos que, por ora, está com o "passaporte para a fila da reencarnação" confiscado. Neste momento ele necessita viver algo, na experiência humana e espiritual, que garanta seu progresso na realidade em que se encontra.

Exu, como espírito humano que é, teve sucessivas vidas. Mas chegou um momento em que suas quedas foram tão devastadoras que já não tinha mais o propósito de voltar. De alguma forma, Exu nos traz esse olhar. Ele não é um espírito evoluído ou ascencionado, mas é um espírito consciente. Consciente de seus erros, da fragilidade humana e de sua própria história. Como nesse momento ele já não faz mais parte do ciclo reencarnatório, precisa então garantir no plano espiritual seu progresso.

Veja bem, uma vez no grau Exu, esse espírito já está consciente e por vontade própria desenvolve seu trabalho espiritual. A perda de oportunidade de reencarnação ocorre no período de purgação que antecede sua lucidez e posterior acolhimento em uma falange espiritual, oportunidade esta já muito especial para o desenvolvimento e o progresso consciencial e evolutivo.

A evolução para a Umbanda é o progresso e a transcendência, que acontecem de forma muito lenta. Ela é um objetivo instintivo da natureza humana. Nós somos criados por Deus e saímos dessa fonte geradora de vida. Nessa saída, somos recepcionados por um par de Orixás, que irão nos conceder uma ancestralidade. A partir daí o indivíduo entrou no fluxo existencial e, ao chegar ao ciclo reencarnatório, ele será movido por esse instinto que é o de atingir a hiperconsciência. Esse processo dura muitos milênios. O estágio vivido na realidade material, ciclicamente, tem um prazo. Fora do plano terreno você é eterno, mas a encarnação é uma oportunidade incrivelmente rara. Na Umbanda esse conceito é reforçado constantemente por todas as entidades. Mas é possível notar que a esquerda traz com mais frequência esses ensinamentos, do quanto é bom estar encarnado e do quanto esses espíritos gostariam de viver novamente a reencarnação. Se da parte deles há a manifestação de um pesar, por nesse instante não ter mais a chance de reencarnar, é porque ela é muito valiosa. A presença de Exu no terreiro resgata esse pensamento, de que não devemos deixar a vida nos levar, quando o que nos cabe é conduzi-la com excelência. Somos os autores de nossas biografias e também os responsáveis por ela. Nada do que é vivido aqui está "escrito nas estrelas". Para nós, o destino é uma metáfora mística. A Umbanda propõe um olhar maduro e consciente sobre todas as coisas, pois Deus não é uma ideia. Nossa vida é uma verdade. Nossa alma é uma realidade. A espiritualidade, a eternidade e a reencarnação são fatos e não fazem parte de algo imaginado. Portanto, viver a vida em busca de manter-se desperto, atento e acordado, fugindo das invariáveis maneiras de sucumbir à fantasia, é um dos maiores desafios do processo reencarnatório.

A Umbanda, apesar de toda essa seriedade, ainda aglutina pessoas que usam seu nome para externar suas insanidades. Esse enredo de imaginações fantasiosas que utilizam a religião como palco de encenação não reflete em nada o que propõe a verdade da Umbanda. Isso mostra o indivíduo pondo a perder mais uma passagem em seu ciclo reencarnatório.

A Umbanda, por ser reencarnacionista, entende que a vida é uma experiência, mas não estimula em momento algum que a pessoa crie uma neura a respeito dessa premissa. Se você está empenhado em viver uma vida consciente, desperta e plena, terá feito a vida valer a pena.

Destino é um paradoxo

Depois de entender a concepção sobre reencarnação, há sempre um questionamento sobre qual é nossa missão ou nosso desígnio. Estamos vivendo nossa missão? Temos um destino? Coloco que destino e missão são quase sinônimos e também quase paradoxais. São eles mais uma das fantasias que observamos as religiões espiritualistas e abertas a questões metafísicas enredarem. Parece arrogância tratar sobre essas crenças dessa forma, e talvez seja mesmo. Contudo, é com o intuito de provocar um mal-estar. Pode ser que esse incômodo o faça refletir sobre o que trago neste momento.

É provável que no ambiente de terreiro você já tenha se deparado com a afirmação de que a mediunidade é uma missão. Nesse discurso são enxertadas diversas outras afirmações, como a de que determinada pessoa possui uma missão ou que aquilo é o seu destino. O sofrimento nesse contexto faz parte de algo já predestinado.

Sorte ou azar são crenças a que a humanidade se apega para justificar ou organizar aquilo que ela não tem controle. Mas e se eu disser que para a Umbanda, e sobretudo o que aprendemos com os espíritos no terreiro, missão não é bem como se entende popularmente e que o destino beira a uma falácia?

Por destino, presume-se que nós nascemos com uma vida traçada. Mesmo que tentemos aliviar esse discurso e reinterpretá-lo dizendo o rumo de como esses eventos irão acontecer, somos nós que decidimos. Ainda assim, ele expressa que algumas coisas estão predeterminadas e que isso ou aquilo, inevitavelmente, há de transcorrer em sua trajetória.

Ao ter a crença estabelecida na influência do destino, suspende-se qualquer tipo de autonomia sobre sua própria vida. Mesmo que você aponte um revólver para a cabeça e efetue o disparo. Como o destino é dono de suas escolhas, sempre haverá alguém, que dirá que seu destino era cometer o suicídio.

A crença no destino encerra qualquer autonomia com a própria vida e, portanto, fragiliza ou anula a lei do livre-arbítrio. Essa crença considera que o escritor de sua biografia não é você. Com isso, nos tornamos fantoches de uma narrativa que alguém se põe a escrever. Essa concepção me parece, no mínimo, uma ausência de si mesmo. Acreditar no destino, por esse viés, seria uma negligência com a própria história.

Eu entendo que não tenhamos parado para pensar na concepção de destino dessa maneira. É mais poético dizer que há coisas que acontecem em nossas vidas que só "Deus sabe".

"Deus é que sabe das coisas."

No momento em que acontece uma decepção ou um trauma, por exemplo, é mais confortável explicar dizendo: "Deus sabe o que faz", ou ainda: "Deus tem um plano para você". Dependendo da situação, esse discurso é realmente reconfortante. Porém, imagine como dizer para uma mãe que perdeu um filho atropelado por alguém embriagado, que Deus sabe o que faz?

Explique para uma criança que ela ficou órfã porque era seu destino. E, ainda, diga que quem o escreve é Deus.

Há dificuldades e situações da vida em que a dor é dilacerante. Por isso, dizer que Deus está no comando pode trazer o efeito reverso do que era para ser um consolo. É possível que se instaure uma revolta neste indivíduo e o discurso de fé se torne o motivo do seu afastamento do sagrado. Como Deus, sabendo de tudo, optaria por causar uma dor tremenda em sua criação? O destino observado dessa forma é um sadismo divino.

Em agosto de 2013, minha filha Sol, a caçula na época, aos 3 anos de idade, sofreu um trágico acidente: caiu na piscina e se afogou. Foi encontrada já desacordada. Após ser resgatada, precisou ser internada na UTI, seu quadro era desesperador, um grande edema cerebral, e a perspectiva era de que tinha poucas chances de sobrevivência ou certamente ficariam sequelas. Foram dias em que eu e Thaís sofremos a maior dor emocional experimentada por nós, imagino que dor maior seria essa mesma dor para sempre, caso ela viesse a óbito. Para nossa completa felicidade, ela está entre nós sem nenhuma sequela e é uma criança extraordinária!

No período de espera e sofrimento no hospital, algumas pessoas se aproximavam na boa vontade de "consolar" e diziam: "Deus sabe o que faz". Ouvimos muito isso e todas as vezes em mim repercutia como uma facada sendo recutucada.

Veja bem, minha relação com Deus é muito bem resolvida e há muito tempo entendi o lugar d'Ele em mim, em minha vida, na Sua Criação e, definitivamente, eu não podia responsabiliza-Lo por aquela tragédia, até porque tragédias acontecem dentro de um contexto. Ou seja, se a Sol não tivesse ficado perto da piscina sem a garantia do olhar atento de um adulto responsável no momento, embora ela pudesse ter vivido a situação de desequilibrar-se e cair na piscina, jamais teria se desdobrado em um afogamento. Ou mesmo se a piscina estivesse com os aparatos de segurança para garantir que crianças possam brincar por perto sem perigo, nada teria acontecido, enfim, tantas variáveis preventivas poderiam evitar o acidente e Deus nada tem a ver com isso. Pois, se tiver, é um Deus sádico.

É muito mais fácil e confortável delegar a Deus a responsabilidade de tudo do que ter que me autorresponsabilizar. O que não fica bem claro para as pessoas é que essa transferência de responsabilidade tem um preço conceitual.

Ganhar na loteria e atribuir ao destino é fácil. Se você tem o costume de ir à cartomante e esperar que ela diga suas projeções e que seu destino é brilhante, tudo bem. Então creia no destino em tudo. Não só no que lhe convém. Se em sua vida você fez uma série de planejamentos e nada não aconteceu, também é fácil jogar essa culpa nas costas do destino. Tenha cuidado com suas crenças. É preciso ser honesto em relação às consequências do que nós cremos. Por isso, quero que você se coloque nos papéis dessas pessoas, em que o destino foi algo arrasador. Como no caso da mãe que perdeu um filho ou da criança órfã. Ao acreditar no destino, também entendemos que há prediletismos. Pois se Deus escreve nossa história, por que existem pessoas sofredoras e há os que têm uma vida extraordinária?

Não conheço ninguém que atingiu sucesso profissional, ou de qualquer tipo que seja, sem dedicação. Até mesmo aqueles artistas que nós consideramos muito ruins e que sabemos que foram forjados por um comitê do entretenimento: se estes não se dedicam ao propósito que representam, também não se mantêm.

Por isso, não encontrei ninguém até hoje que colhesse os frutos de seu sucesso e ainda dissesse que era o destino que Deus reservou a ele, sinceramente. Sabe por quê? Porque toda pessoa que consegue êxito sabe o quanto custam os bons resultados decorrentes de muito esforço. Dizer que tudo estava nas mãos de Deus é se apequenar perante sua própria biografia, ao mesmo passo que alimenta uma crença de prediletismo e segregação.

É mais fácil dizer que Deus está no comando quando não se tem controle sobre determinada situação. Esse é um discurso corriqueiro, que pretende consolar ou ludibriar aquilo que já esgotou as respostas. É importante entender que não há resposta para tudo. Precisamos viver nossas experiências, tanto as boas como as ruins, e de todas elas retirar um aprendizado ou um fortalecimento. Por mais duras que possam ser, não dá para encará-las como algo que estava escrito em nosso destino.

Se as entidades não falam sobre destino nos atendimentos, isso é um indicativo de que nós precisamos nos questionar sobre essa crença. É até mesmo uma questão prática, explicada por meio da própria ritualística da Umbanda. No Espiritismo, não há rituais para lidar com as consequências do destino. Reza-se, mentalizam-se coisas positivas para que eventos bons aconteçam em sua vida. Já no Candomblé, os ritos magísticos das oferendas, por exemplo, são realizados a fim de agradar os Deuses Orixás. Não têm como função mudar a realidade negativa de algo, mas de garantir a satisfação dos Orixás com o indivíduo. Dessa forma, busca-se que, em troca, eles sustentem seu bom destino ou sua sorte.

Na Umbanda isso não ocorre. É complicado afirmar isso em nome da Umbanda, porque talvez no terreiro ao qual você pertence o discurso seja exatamente esse. "Vamos dar obrigação." "Farei uma oferenda para agradar meu Orixá." O que quero ressaltar é que esses também são recursos de linguagem. De certo modo, foram assimilados daquela forma pela liderança do templo. Por isso, minha pretensão é trazer a questão das práticas, além dos costumes.

Na Umbanda, quando reportamos alguma situação que nos causa dor, seja ela o término de um relacionamento, de uma amizade, de um trabalho, etc., além dos conselhos, é provável que aquela entidade lhe dê um elemento ou algo para você realizar. Pode ser uma vela para acender em casa ou a indicação da visita a um ponto de força do Orixá. "Olhe, meu fio, acenda essa vela no pé de uma cachoeira e peça para que Mamãe Oxum interceda por essa situação." E isso é uma demonstração prática do quanto o destino é irrelevante para a Umbanda. Pois se essa fosse uma crença dessa religião, então as entidades, diante dessas queixas, iriam pedir calma e dizer que aquele era o seu destino. Mas não é isso que acontece. Elas nos dão ferramentas e nos ensinam como proceder diante dessas situações. Fornecem recursos para que aquela realidade mude e para que aquele padrão energético seja alterado. Também para que tenhamos a tomada de consciência perante o problema. Ao realizar uma oferenda para o Orixá, em função de um relacionamento que acabou, o indivíduo involuntariamente faz um exercício de reflexão sobre os seus atos e sobre as possíveis alternativas. São nesses gestos que as entidades nos mostram o quanto somos donos de nossos caminhos. A solução está em nós. Assim, o destino não poderá existir e está em nossas mãos. Serão essas dinâmicas orientadas pela sabedoria desses mestres que conduzem o umbandista à transcendência, à superação de si mesmo. Neste ponto, já começamos a evocar a questão da evolução. Quando o Caboclo Mirim declamava: "Umbanda é a escola da vida", ele tratava exatamente desse autoconhecimento e desse olhar para si.

Destino não são possibilidades. Ele é um caminho traçado. Tudo ocorre porque já está escrito. Ele não se configura, se impõe. Destino é fatal. Não há espaço para controle sobre isso. Olhe para esse mundo real e concreto, e seja honesto. Dá para acreditar em destino? E mais, dá para acreditar em destino e, ainda assim, amar a Deus? O destino é uma providência de Deus. Do contrário, seria de quem?

Por isso, esse assunto que é quase um tabu e é tão negligenciado, tem uma perspectiva mais filosófica na Umbanda. É evitado, porque falar de destino com as percepções trazidas aqui neste livro traz também todo esse estranhamento que provavelmente você sentiu nesse momento. É dilacerante quando precisamos romper com as crenças que estavam guardadas e sobre as quais não pensávamos muito. Se falamos de uma Umbanda melhorada para o futuro, esta obra já é uma nova versão da religião e do religioso umbandista.

Para você, leitor, que se debruça sobre esta leitura, saliento que ao acreditar em destino, há outras inúmeras crenças a se assumir. Crer no destino só quando lhe convém não faz sentido. Ao tê-lo como crença, é necessário assumir pública e conscientemente que você é um personagem, é um fantoche e nada é de seu mérito. O sucesso não é um mérito quando seu fracasso é culpa do destino. Por isso, destino é um **paradoxo**,[26] que colocaria Deus em maus lençóis.

Missão

Por missão espiritual no fluxo reencarnatório entende-se o indivíduo que nasceu vocacionado ou destinado a executar algo. Perceba que já no início da explicação sobre missão, eu volto a evocar a questão do destino. Esses são conceitos que, inevitavelmente, estarão conclamando um ao outro.

É certo que, na história da humanidade, existiram alguns missionários. Posso dizer isso sobre a figura de Jesus. Talvez Sidarta Gautama, o Buda, e Mahatma Gandhi tenham sida forjados a partir da constatação de que estava tudo errado no modelo político seguido em sua terra natal. A partir disso, Gandhi, por exemplo reconhece que pode fazer algo por aquela situação, e mesmo inserido em um ambiente de muito conflito e violência, promove a revolução sem pôr as mãos em nenhuma arma sequer. Essa postura me parece um tanto missionária. Atitude de um espírito forte, pois mesmo quando a morte insistia em rondar seus passos, ele seguiu o que era o seu norte comportamental: *Satya Ahimsa* – verdade e não violência.

---

26. Pensamento, proposição ou argumento que contraria os princípios básicos e gerais que costumam orientar o pensamento humano, ou desafia a opinião concebida, a crença ordinária e compartilhada pela maioria. Contradição.

Com isso, entendo que a definição de missão pode ser vislumbrada quando um indivíduo promove algo de impacto social e humanitário sem precedentes.

Nelson Mandela, por exemplo, assume em sua vida uma missão. Isso não quer dizer que ele nasceu para isso. Ninguém nasce para ficar 27 anos preso. Mas, conscientemente, ele assume que como cidadão tem o dever de honrar sua verdade até o fim. Quando você tem uma opinião e é convicto de que aquilo muda o mundo, é pertinente que pague o preço. O que se define como sua verdade não muda por conveniência.

É poético dizer que Mandela foi um missionário, contudo me parece mais coerente aceitar que ele foi um grande homem, consciente, e que assumiu para si uma missão que tinha a ver com seu propósito de vida, e infantil, consolidando-se como um verdadeiro guerreiro.

A experiência de estar reencarnado, por si só e de alguma maneira, nos nivela. Não é possível mensurar a evolução de cada um dos indivíduos que se encontram encarnados neste momento. Por isso, a única maneira de interpretarmos um pouco dessa perspectiva é observando sua obra. Não existe – nem poderia existir – uma medida exata que diga se um espírito é mais evoluído que o outro. Mas seu comportamento, feitos e o impacto de suas ações podem revelar traços de uma grande alma.

Temos Steve Jobs, que revolucionou o mundo tecnológico com as suas criações; no entanto, na vida pessoal era uma pessoa caótica. Isso não é curioso? As relações humanas, as quais são extremamente valorizadas pelas religiões, era uma das fraquezas de Steve Jobs. Até onde ele pode ser considerado uma grande alma? O intelecto é sempre sinal de evolução? O ser erudito é um ser evoluído somente por isso?

A evolução começa a permear nosso assunto, pois por missionário entendemos os espíritos profundamente evoluídos. Aqueles que aceitaram um compromisso ou um desafio, para sua próxima vida terrena. Também faço um alerta, no qual peço que tenhamos uma postura mais categórica e zelosa no que diz respeito à evolução, ao ser missionário e, ainda, sobre o que de fato é uma missão.

Se na Umbanda todo médium for um missionário, não haverá espaço territorial para cumprir todas as missões. Que missões são essas que todos têm em igual? Missão é o conjunto de atitudes desempenhadas pelo ímpeto de alguém, que resulta em uma mudança de realidade para um coletivo de pessoas. Não é a vida particular de alguém que se modifica, mas o todo. Se formos avaliar a humanidade, foram poucos os missionários que passaram por aqui. A encarnação missionária existe e é extremamente remota, esse é o ponto.

Chegamos ao ponto em que missão pode ser entendida como a experiência na reencarnação dos espíritos ascencionados e hiperconscientes. Esses espíritos voltam para cumprir um objetivo (missão) em que a meta não é mais a expiação nessa realidade tão limitada a eles.

Insisti no conceito de missão, porque justamente ela está na boca de praticamente todo umbandista. "Sou médium porque essa é a minha missão." Quando o compromisso mediúnico e religioso acontece em função da crença de que você é um missionário, este é o sinal de que seu ego fala tão alto que passa a convencê-lo das coisas. Discursa-se isso ao em vez de assumir o prazer em estar no terreiro, o prazer em exercer a mediunidade e que essa vivência só traz coisas boas. Somos umbandistas por esses motivos e não porque somos missionários. Não é preciso utilizar a missão para justificar a dedicação que você deve ter com o terreiro.

Toda vez que alguém diz que tem a missão de ir para o terreiro, incorporar espírito e fazer Umbanda, ele se coloca em uma posição especial. Talvez essa fala seja de alguém que deseja se igualar aos missionários da humanidade. Muitas vezes é notável a necessidade, nesse tipo de pessoa, de suprir um ego mal resolvido, que alimenta uma sombra interior.

A mediunidade na Umbanda não é, a princípio, um compromisso missionário por si só. Sua missão é aquilo a que você se propõe e ela não acontece inconscientemente. Envolver-se com a Umbanda como missão só acontece se essa é a ideia que você tem para si. Não parte de algo imposto, mas de uma escolha consciente pela Umbanda. Viver pela religião é uma posição que você assume, mas que pode optar por não querer mais a qualquer momento. Você é livre.

Acreditar que temos uma missão e que não podemos fugir dela é o mesmo que dizer que alguém está destinado a algo. Por isso, missão também evoca destino.

Onde há a crença de que não temos controle sobre nossas próprias escolhas está implícita a afirmação de que somos controlados e, quando existe essa crença, já não há mais Umbanda. Umbanda é a religião da autonomia espiritual, consciencial e existencial.

A partir daqui tome as rédeas de sua vida, do que entende sobre destino e do que deseja ter como missão. Ao ser Umbanda, seja autônomo.

Em resumo:

Missionário Espiritual – pertinente aos espíritos de elevada ascensão que retornam ao plano físico para impactar mudanças de realidade coletiva.

Missão Pessoal – quando o indivíduo está engajado com seu Propósito de Vida e, para cumprir esse objetivo, vive a missão pessoal para concretizar seu propósito. Uma escolha e um planejamento consciente de responsabilidade do indivíduo, não impostos ou "revelados" por terceiros.

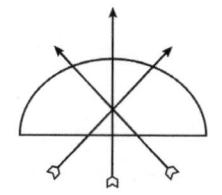

Propósito de Vida

O propósito existencial é identificado pelo indivíduo que desperta a consciência sobre si e, por meio desse autoconhecimento, descobre seu potencial mais intrínseco, aquilo que o distingue perante todos, que é legítimo e original, e se for aprimorado e posto em serviço do bem comum irá impactar positivamente a vida de outras pessoas e criar um efeito em cadeia de benefícios, alterando para melhor a realidade.

Talvez faça sentido afirmar que a magia da vida começa a acontecer quando descobrimos nosso propósito.

Daí sim, uma vez com o propósito reconhecido, você estabelece seu destino, ou seja, aonde quer chegar e qual legado quer deixar. Como você quer ser lembrado? Se você morrer hoje, que frase escreveriam em sua lápide? Que histórias vão contar sobre você? Que inspiração você deixa para os que ficam?

Quem não se preocupa com essas questões não despertou e naturalmente não pensa em um propósito, vive uma vida em outros níveis e talvez esteja realizado com isso.

Para viver seu propósito, cumprir seu destino e garantir um legado, então você terá de cumprir sua missão, que vem a ser o *modus operandi*"; o que você precisa fazer para viver e cumprir o propósito? Do que você precisa abrir mão? Que preço precisa pagar? O que você deve saber? Qual *expertise* precisa atingir? Enfim, tudo o que envolve o processo de execução e cumprimento do propósito é a missão!

Se, hipoteticamente, seu propósito é levar educação emancipadora para crianças em situação de risco social, onde a educação é precária e ineficiente, como você fará isso e toda a dedicação para realizar a tarefa na prática é a missão.

Com isso posto, Destino é a concretização do propósito existencial para o legado a ser deixado. Propósito você vive, legado é o que fica quando você morre. E missão é o cumprimento do legado em seus desdobramentos práticos.

Propósito e Missão – Destino e Legado não são algo que vem do além, que está imposto ou predeterminado. É de dentro para fora, tem a ver com sua consciência e integração com a realidade, é uma escolha e um compromisso.

A Umbanda é uma religião muito poderosa nesse sentido, pois oportuniza aos indivíduos esse caminho de autoconhecimento e despertar consciencial por meio de suas premissas até aqui já expostas.

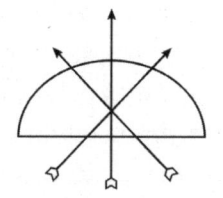

Tradição na Umbanda

Neste ponto da obra, quero refletir e também me posicionar sobre o conceito de tradição dentro da Umbanda. Muito se fala sobre esse assunto, principalmente quando o objetivo é atacar as novas compreensões da religião.

É muito comum o uso do argumento para dizer que algo que um segmento pratica não respeita a "tradição da Umbanda". Entendo que essa, na verdade, seja uma tentativa infundada de herdar do Candomblé e dos Cultos de Nação algo que parte dos próprios princípios antropológicos, de como aquelas sociedades se organizavam em torno de seu sagrado.

Ao abordar o conceito de tradição é preciso compreendê-lo em sua percepção teológica-religiosa e, também, ter o conhecimento sobre sua definição nos campos da sociologia e da antropologia. Após se munir dessas compreensões, é possível observar como a tradição acontece na prática e o que realmente tem validade para nós.

Nas famílias e nas colônias tradicionais, por exemplo entre os japoneses, há uma preocupação no íntimo de suas relações em manter as tradições herdadas pelos que vieram anteriormente. Nós vemos isso nos hábitos ou na repetição daquilo que o vô e o bisavô já faziam a respeito de questões particulares da família. Também estão no trato com o outro e até mesmo nas crenças religiosas.

Assim como, se olharmos para o Cristianismo, veremos incontáveis tradições. Por tradição religiosa nesse segmento quase se entende cada vertente, cada maneira de interpretar o Cristo ou cada uma das formas de se conceber o rito. A todas essas novas interpretações vão criando-se vertentes religiosas, que não deixam de estar inseridas em uma única crença. Por isso, uma mesma religião pode ter muitas tradições religiosas.

Isso acaba sendo um problema semântico. Qual o sentido que se dá para a palavra tradição no discurso? Na Umbanda isso é muito problemático e levanta inúmeras discussões. Aquele que é do Candomblé acaba atravessando esse diálogo, entendendo que tem qualquer tipo de autoridade sobre a Umbanda. Isso acontece simplesmente porque ele faz parte de uma religião que presta o culto aos Orixás e, sendo assim, considera que pode discursar sobre qualquer viés religioso que também tenha sua crença nos Orixás.

Após um século de Umbanda, já temos consolidadas as suas vertentes. O próprio rito praticado por Pai Zélio de Moraes e que acontece até hoje na Tenda Espírita Nossa Senhora da Piedade é uma delas. No período que se seguiu à anunciação da Umbanda, inúmeras formas de se praticar a religião foram se configurando. A chamada "Escola da Vida" ou Umbanda Branca, organizada por Benjamin Figueiredo da Tenda Espírita

Mirim, foi a primeira vertente de Umbanda que não seguiu o modelo de Pai Zélio de Moraes. Seguindo essa corrente também nasce a Umbanda Esotérica, que vai se consolidar pelo trabalho de W. W. da Matta e Silva. Mais recentemente surge a Umbanda Sagrada e, nesse meio todo, é possível observar com grande expressão a Umbanda Popular, que algumas pessoas irão ter como Umbanda Tradicional.

A palavra tradição toma neste momento o papel de rótulo de uma dessas vertentes. O termo "tradicional" é a tentativa de tornar esse segmento mais legítimo do que qualquer outro. A ideia disseminada por trás da palavra "tradicional" é quase o que se entende por original.

Etimologicamente falando, no campo da antropologia, tradição nada mais é do que a repetição daquilo que sua ancestralidade fazia. Por isso, no olhar sociológico, algo só pode ser considerado tradição quando os netos reproduzem o que os avós faziam. Portanto, não apenas a geração anterior pode ser usada como modelo de uma tradição.

Para exemplificar, vou supor que haja um costume em sua família de dançar em um pé só, no dia 10 de fevereiro, até o sol se pôr. Aquilo que acontece tem por trás um motivo familiar para se realizar, certo? Esse costume apenas irá se tornar uma tradição se a "geração três" fizer exatamente o que aquela primeira fazia.

Somente será tradição, legitimamente, quando os netos e bisnetos reproduzirem aquilo que seus avós faziam, de forma idêntica. Se houver qualquer mudança, já não se considera mais uma tradição.

Volto à tradição japonesa, em que eles são rígidos com a questão da reprodução do que seus ancestrais faziam. Tudo é registrado. Nesse padrão de vida ocidental, é muito difícil se estabelecer a tradição genuinamente, como acontece na cultura oriental. Tradição religiosa seria reproduzir e manter ativo aquilo que era anterior. Temos aqui um ponto importante quando se trata da Umbanda. Houve um momento em que, ao atacar o processo natural de mudança da religião – considerando que a Umbanda é uma crença em constante mutação e também, por isso, ela não se encaixa no conceito de tradição –, utilizava-se do discurso de que a Umbanda é herdada.

Todo terreiro individualizado, que pratica a Umbanda de seu "jeitão", é Umbanda popular. Foi essa corrente que tentaram chamar de Umbanda Tradicional. Entretanto, o único registro que nós temos de Umbanda que segue uma tradição é o da Tenda Nossa Senhora da Piedade. Se há uma parte da religião a qual podemos chamar de tradicional, seria a TENSP. No momento em que eu escrevo este livro, Leonardo Cunha, bisneto de Zélio de Moraes, reproduz exatamente o que seu bisavô fazia. Assim ele aprendeu com sua mãe, que praticava o que a avó dele exercia e que, por sua vez, era o espelho de Pai Zélio de Moraes. Por isso, ele reproduz exatamente o rito, a crença e o discurso que o bisavô criou. Isso é tradição familiar e religiosa.

Dentro dessas considerações podemos dizer que, em se tratando de tradição de Umbanda ou "Umbanda tradicional", talvez tenhamos pouquíssimos exemplos, e o mais emblemático e relevante seja mesmo o da Tenda Nossa Senhora da Piedade – Família Moraes. Nenhuma outra casa que se originou das tradições de Zélio, e que ainda existe, pratica a religião como acontece na TENSP.

Às vezes me questionam sobre a postura da Tenda Nossa Senhora da Piedade em não se abrir para as grandes mudanças que ocorreram na religião. Por exemplo, a não existência da linha dos Baianos, Marinheiros e tantas outras que sugiram na Umbanda de forma geral. A essa questão, reafirmo a importância da TENSP e espero que as próximas gerações consigam manter a tradição da família e da religião ali. Esse é um trabalho de resistência e memória ativa. Enquanto isso viver, nós, umbandistas, podemos ir a qualquer momento até a origem da religião e ver como as coisas eram. Isso não significa que é a mais certa ou mais errada, mas que no terreiro criado por Zélio reside o que podemos chamar de tradição na Umbanda. É lindo!

Portanto, a discussão sobre o que é Umbanda tradicional ou o que são as tradições da religião é muitas vezes um debate superficial cheio de achismos, daqueles que não compreenderam o que é de fato tradição. É esse discurso que inicia um processo de substituição da palavra tradição, com o que denota o termo hábito. Falaremos dele a seguir.

Hábito

Ao expor sobre tradição, começo a adentrar um campo intrigante, no qual existe uma confusão frequente entre as práticas umbandistas aprendidas – e reproduzidas – com um pai, mãe ou vô e vó de santo, com o que caracteriza as tradições de fato. Mas como podemos diferenciar essas práticas, passadas de sacerdote para novos sacerdotes, com o que se considera uma tradição?

Imagine quando um adepto sai de sua casa de origem e se dispõe a abrir um novo terreiro. Como ele irá realizar o culto? Provavelmente da maneira que ele aprendeu na Umbanda da qual fazia parte.

Se nesse novo terreiro várias pessoas de diferentes influências se unem para formá-lo, é provável também que ele seja algo completamente novo. Entretanto, ao criar uma casa de Umbanda, mesmo que se mantenha parte de sua ritualística igual à da casa antiga, os elementos particulares daquelas pessoas vão inevitavelmente sendo impressos no rito. Mantêm-se os antigos hábitos de rito, mas novas coisas são agregadas. Por isso, o que se reproduz na verdade são esses hábitos anteriores e não sua tradição efetivamente.

Por exemplo, no terreiro de origem daquele novo pai de santo pode existir um dia específico para o culto de uma determinada linha de trabalho. Algo incomum à litúrgica da maioria dos terreiros. Por ser um rito particular daquela casa, é comum que esse grupo de pessoas diga que é a tradição de seu terreiro de origem. O que são, na verdade, são seus hábitos. Ninguém escova tradicionalmente os dentes, isso é um hábito. Todos os dias realizamos feitos, que aprendemos durante o processo de educação, os quais ao longo da vida se perpetuam como hábitos. Somos frutos de nossos hábitos.

Além deles, temos também nossas crenças particulares, e muito do que temos como hábitos revela o que levamos como crença de nós mesmos: a forma como realizamos as coisas; o momento de acordar; A maneira de seguir nossos ritos diários. Todos esses hábitos revelam o que acreditamos ser o melhor ou o pior para nós.

A verdade é que a Umbanda não comporta uma tradição religiosa, até porque é uma religião muito jovem. Tampouco criamos uma ordem religiosa, em que é possível dizer que se configure uma vertente de tradição da Umbanda.

As sete tendas oriundas da Tenda Nossa Senhora da Piedade e fundadas por Zélio de Moraes não receberam ordens de como seus ritos deveriam ou não se organizar. Zélio deu a liberdade para que cada uma delas pudesse inserir seus próprios elementos. Na Tenda São Jorge, por exemplo, foi permitido trabalhar com Exu publicamente, o que na TENSP até hoje não acontece.

Se hipoteticamente essas casas tivessem mantido a estrutura de crença e culto do terreiro de Zélio, hoje, 101 anos depois, elas poderiam ser consideradas uma tradição ou uma ordem religiosa dentro da Umbanda.

Por isso, delimitar o que é ou não tradição na Umbanda, além de improdutivo, é uma discussão sem fim. É impossível dialogar com alguém que pretende diminuir seu trabalho espiritual e seu terreiro, dizendo que ele não acontece conforme a tradição da Umbanda. Por isso, sugiro que você, leitor, quando ouvir isso, peça para que o interlocutor primeiro fundamente o que é e qual é a sua tradição. Se essa tradição existir, de fato, é preciso que se entenda também que cada um pode fazer parte de uma casa genuína, sem deixar de ser Umbanda.

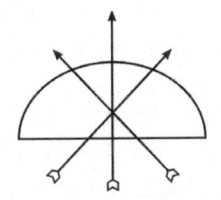

Crenças Fundamentais

Após se envolver e se encantar com a Umbanda, você vai se deparar com as crenças. Elas são vitais para a religião. É possível notar que em alguns pontos elas se assemelham a outros caminhos religiosos, mas também que carregam um olhar muito próprio da vida. Isso é a legitimidade da religião.

Se o indivíduo que tem uma bagagem católica chega à Umbanda, as únicas referências dessa crença encontradas no terreiro são as figuras de Jesus e dos santos. Entretanto, Jesus não é retratado como nas igrejas e os santos normalmente são referenciados com nome de Orixás. A imagem de Nossa Senhora da Conceição traz a representação de Oxum, Santa Bárbara de Iansã, São Jorge de Ogum e assim por diante. Isso não se consolida como um sincretismo de fato, mas como uma aproximação.

Contudo, é preciso organizar. Em alguns terreiros, encontramos a presença de santos católicos sendo reverenciados e rezados como tais. Paralelamente a isso, nesse mesmo terreiro é possível que se reze e se preste louvor aos Orixás. Excluindo, nesse caso, a fusão ou o sincretismo dessas divindades, haverá também centros de Umbanda que não agregam nada disso.

Enfim, tratando-se do que você encontra por Umbanda, Jesus, por exemplo, não será o mesmo. Se estamos em um terreiro de influência mais espírita, o que teremos naquele ambiente é algo mais próximo da crença católica. E, mesmo assim, não é ela em si. Para o Espiritismo Jesus não é Deus encarnado. Sua figura representa a de um irmão mais velho, um mestre ou um espírito mais evoluído que encarnou para trazer a boa-nova.

Já na Umbanda o que ocorre é quase uma aproximação da crença católica, pois entendemos Jesus como uma divindade que encarnou. Por isso, Cristo para nós não é um irmão mais velho nem um espírito humano que passou por diversas encarnações e, em um momento de muita evolução, retorna para nos ajudar. **É em si uma divindade**, um ser criado com essa natureza. Não é Deus, mas parte Dele. Para nós, Jesus é uma divindade que pertence à ancestralidade vibratória de Oxalá. Por isso, consciente ou não, na Umbanda Jesus é Oxalá assertivamente.

É como se ele fosse "um Oxalá", assim como outros avatares da fé. Esses seres podem ter sido espíritos humanos com ancestralidade (filhos) em Oxalá, que, ao atingir um grau na evolução, decidem pelo auxílio da humanidade. Podem também ser divindades encarnadas. Cito Krishna e Sidarta Gautama como duas delas.

Em um olhar mais próprio da Umbanda, são seres de outra natureza espiritual, portadores do magnetismo de Oxalá, que se humanizam e então trazem consigo uma missão de fato.

Para a Umbanda Deus não é tríade como na Igreja Católica, mas sim sete. Olorum se divide nas sete linhas ou sete manifestações. Uma delas é Pai Oxalá, que por sua vez irradia e se manifesta sobre todas as coisas. Inclusive nos seres – humanos ou não – regidos por seu magnetismo. Com essa ilustração sobre Jesus, é possível perceber novamente que há um olhar próprio da Umbanda para tudo o que existe, assim como acontece com outras questões já expostas nesta obra. A mediunidade, o ciclo reencarnatório, a existência de outras realidades e naturezas, que são crenças presentes em outras religiões, na Umbanda adquirem um significado singular e peculiar a ela.

Na Umbanda, a prioridade é que se viva uma vida boa. Mas o que vem a ser essa afirmativa na prática? Significa dar o seu melhor todos os dias e garantir que as colheitas diárias sejam as melhores possíveis. Ao fazer isso, você garante até mesmo questões cármicas. pois essas questões não precisam ser uma preocupação em sua vida. Por isso, é essencial que o exercício da autoavaliação seja algo constante na vida do umbandista. É com essa premissa que a religião se preocupa e se ocupa. De maneira singela, é nisto que os mestres da luz estão empenhados: observar e auxiliar as ações que você opta por desempenhar em sua vida.

O que você faz com esse milagre? O que você faz com essa oportunidade de Deus?

Reencarnação significa vida presente. Para nós, ela é muito valorosa. Precisamos ter a certeza de que, se não lembramos da vida passada, ela não nos interessa. Não há relevância em descobrir o que aconteceu em outras encarnações. Reitero isso porque observo o como é comum as pessoas recorrerem a oráculos diversos, a médiuns que dizem que sabem das coisas, para ouvirem sobre sua vida atual e outras encarnações.

Por isso, uma das crenças fundamentais, pertinentes ao umbandista, é de que a vida passada não nos interessa. Você está aqui, agora. Faça desta vida única. Que ela seja memorável para você e para quem tiver o privilégio de conviver ao seu lado nesta vida. Ao desencarnar, que sua memória seja viva entre os seus. Que sua existência não seja esquecida.

Para os mexicanos, a eternidade só tem valia para aqueles que não são esquecidos. Os que caem no esquecimento desaparecem no mundo dos mortos. Não se sabe, ao certo, nem seu destino. Nas festividades do Día de Los Muertos, as oferendas aos entes desencarnados se dão justamente para aqueles que são lembrados. É necessário um motivo para que você seja lembrado. Então, questione-se: o que faz da sua vida e de seus relacionamentos? Seus atos são dignos de lembrança positiva?

Há pessoas que, no auge de seus 30 e poucos anos, abandonam questões e deixam para resolvê-las nas próximas vidas. O problema é que a próxima vida pode não existir da forma que é idealizada. Há algo que a Umbanda reconhece que outras vertentes que acreditam na reencarnação não concebem. Existe um limite para reencarnar. Nós não sabemos qual é, mas há critérios para que ela aconteça. Sabe o que isso significa, irmão? Que essa pode ser sua última chance. Não estrague tudo.

Umbanda: uma ideia livre

Concluo esta obra com os mesmos dizeres do início. Certa vez, alguém me perguntou por que, afinal, eu era umbandista. A resposta que me veio à mente muito rapidamente foi: "Sou umbandista porque me sinto livre". Naquele instante, esse meu argumento encerrou a questão. Mas, quando dei essa resposta, ela surgiu como um "gatilho", na verdade. Não era algo em que eu tinha muita clareza a respeito. Não queria dizer que era umbandista porque amo a religião, ou mesmo soltar qualquer resposta óbvia. Na tentativa de confundir meu interlocutor, acabei respondendo que era livre (risos). No entanto, o fato é que, a partir daí, me senti refém dessa resposta. Eu me cobrei sobre o que era ser livre. Gostei da resposta e comecei a fornecê-la toda vez que me perguntavam sobre isso. À medida que a utilizava como argumento para me convencer, também era cobrado por minha consciência a explicá-la. Confesso que naquele momento não tinha essa explicação. Nem clareza, maturidade ou uma articulação para dizer por que eu sou livre e por isso sou umbandista. Hoje, consigo explicar sobre essa prerrogativa com muita tranquilidade.

Em todas as religiões que estudamos – com exceção das nativas –, estamos acostumados a nos deparar com crenças organizadas em profecias, que nada mais são do que uma mensagem que alguém recebeu e compilou esse discurso em um livro. Esse conteúdo irá, portanto, determinar aquela religião. Essas doutrinas são muito fáceis de se encontrar. Por isso também se diferem das religiões com particularidades místicas ou nativas, como é o caso da Umbanda. Nestas, não irá existir controle nenhum. Mesmo este livro, em que aponto diversos pressupostos sobre a Umbanda, só posso dizer sobre meus argumentos. Nem mesmo controlo a repercussão, as consequências nem o que irão produzir a partir desta matéria. Nas religiões proféticas, de certa forma, é possível "ter o controle", pois haverá sempre uma base imutável, na qual seus seguidores irão se ancorar. Existe um "recado divino" que as delineou. Você não consegue modificar o Islamismo, nem promover grandes revoluções no Catolicismo. Embora, depois de quase dois milênios, existam alguns marcos históricos que apontam suas modificações, cada grande marco demorou séculos e séculos para acontecer. Além disso, sempre será uma questão política. Essa é a diferença de uma religião profética para uma mística. As religiões místicas estão em constante mudança e adaptação, são organizadas pelo indivíduo que vive aquela crença. A maneira que interpreto, vivo, sinto e prego a Umbanda é algo muito particular. Não pode ser entendida como a forma umbandista de ver o mundo, nem de todos que estão à minha volta, porque não é. Mas não deixa de ser Umbanda. E não deixa de ser umbandista aquele que tem reservas sobre algumas questões existenciais, como foi abordado durante este livro.

A noção de ser livre começa a ser esclarecida. Por muito tempo disse que a Umbanda me libertava dos dogmas, porque tinha problemas com os dogmas de outras religiões. Carregava comigo um ranço do Catolicismo e achava prazeroso dizer que a Umbanda não tem pecado. Isso, para mim, parecia ser a noção de liberdade. Por muitos anos, também repeti isso. Afinal, na Umbanda podemos ser e fazer o que nós quisermos. Dizer que na Umbanda não existe a figura do Diabo também era algo envaidecedor. Se não há demônio, também não existe pecado, pois quem iria cobrar nossos maus feitos? Ao falar sobre textos sagrados, uma vez escrevi um artigo muito inspirado dizendo sobre o que era a Bíblia da Umbanda. Em síntese, lá eu dizia que a Bíblia da Umbanda era a cachoeira, o mar, as matas, algo muito poético, mas que não responde.

A liberdade martelou minha consciência por muito tempo. Mais recentemente, entendi o verdadeiro sentido de minha resposta. Umbanda na qualidade de uma religião libertária se explica como o indivíduo que se tornou liberto de si por meio da prática, dos estudos e da assimilação dos ensinamentos trazidos dentro do terreiro.

Passei a entender o quanto nós podemos ser autônomos, donos de nossos destinos, carmas e missões. A felicidade acontece no momento em que você alinha seu propósito de vida com sua vocação e, a partir disso, estabelece sua própria missão. Essa é a fórmula para que as coisas passem a fluir com potência e qualidade. Simples.

Quando fui liberto das crenças paralisantes sobre mim, entendi o valor da Umbanda em minha vida. Você se sente liberto? Encontrar o ponto de harmonia de seus dramas, fragilidades, defeitos e imperfeições é a chave para que seja possível equilibrar suas potências, qualidades e diferenciais. Ao assimilar tudo isso, também não tive mais necessidade de explicar o que deveria ser a religião que me liberta. Agora, ela já não me liberta mais do pecado nem do dogma do outro, pois essa era uma âncora que eu mesmo construí. Era como Kardec brigando com a Igreja de seu tempo, como Nietzsche e tantos outros que foram de encontro com as crenças imperantes da época.

A Umbanda me liberta de mim mesmo. Ao me rebelar contra o dogma católico, estava preso na incompreensão da beleza no outro. Quando vivemos um **narcisismo**,[27] não aceitamos o que não é reflexo de nós. Não aceitamos o diferente, simplesmente porque ele não é um igual. A Umbanda o faz romper com isso. Todas essas manifestações espirituais no terreiro de Umbanda, desde raças, culturas, mentes e sabedorias até línguas

---

27. Paixão pela própria imagem. Distúrbio no qual uma pessoa tem um senso inflado de autoimportância.

totalmente diversas, tudo isso, no mínimo, nos faz entender o quanto é cada vez mais belo o diferente.

Ao contemplar a Umbanda além de seu próprio terreiro, começamos a achar pontos de conexão entre sua forma de viver a religião com a de outras casas. Mesmo cada uma vivendo suas particularidades, ainda assim são Umbanda. Ao se permitir observar isso, você também se permite que algo novo nasça em você. A Umbanda começa a fazer sentido além de seu perímetro físico, que é o terreiro. Nesse processo de reconhecimento dos outros terreiros, é possível compreender a magnitude da religião além de você. Com isso consolidado, fica mais clara também a concepção do que vem a ser o amor de Deus.

As entidades não cobram nada por esse relacionamento. Nem conversão, nem erudição, nem idade, nem condição financeira. Absolutamente nada. Qualquer regra que seja imposta é algo da doutrina daquele terreiro em particular, e tudo bem. Contudo, os guias não entram nesses méritos nem discursam sobre cobranças de seu comportamento ou algo assim. O fato de adotarem essa postura não quer dizer que estejam apequenando a experiência humana, mas é um indício para que nós entendamos que somos livres para agir. No entanto, todas as suas ações carregam consequências e você tem o dever de saber lidar com elas, sejam boas ou ruins. Eu me libertei de mim, à medida que fui me libertando das expectativas que criava do que deveriam ser as entidades. Daquele ideal de que elas são uma espécie de babá, pais ou mães severos que tinham de controlar meus sentimentos ou pensamentos e atitudes.

O estado de libertação é você livre dessas amarras. Somos condicionados ao longo de nossa educação a ideias como essas e transferimos todas elas ao convívio religioso. Os mestres espirituais agem de forma muito silenciosa nesse sentido. Não verbalizam essas questões, mas estão simplesmente sendo, agindo, aconselhando e não impondo nada. Mostrando, fazendo e não mandando fazer. Estão inspirando, por meio de gestos e intuição. O que desejo, como umbandista, é o reconhecimento da religião como um caminho de autoconhecimento e de despertar de uma consciência iluminada. Para que seus filhos sejam indivíduos libertos, indivíduos fora do tempo. A Umbanda se caracteriza como uma religião do futuro, porque ainda hoje é difícil aceitar e assimilar tudo isso. Mas ela já traz tudo isso há cem anos.

Você não é livre por entender que "preto é gente" ou que "índio tem alma", mas por assimilar questões mais radicais dentro de si mesmo. Descobre-se então que é possível se reinventar e que isso é o que temos de melhor a se fazer. Coisas incríveis podem ser realizadas ao nos inspirarmos na Umbanda.

Todas essas possibilidades são viáveis, porque a Umbanda não é uma religião convencional. O que comentamos nesta obra são questões muito sofisticadas em se tratando de religião. Se este livro fosse de cunho acadêmico ou filosófico, estaria justificado, mas não. Por isso, afirmo que a Umbanda é revolucionária em todos os quesitos.

Revoluciona até mesmo na própria relação com Cristo, em que ela se apodera de um valor cristão sem criar nenhum sermão. Não há um discurso na Umbanda que imponha os valores cristãos a seus adeptos. É moderno abrir a gira oferecendo uma preleção, algo que eu faço sistematicamente, todas as segundas-feiras, mas não era assim no passado. Essa é uma reinvenção ritualística, daqueles que têm o que dizer. O que quero ressaltar é que a Umbanda sempre existiu sem discurso e, mesmo assim, o valor cristão sempre esteve no terreiro. Não na imagem de Jesus-Oxalá, mas no ato visceral do Preto-Velho ou na ação pontual do Caboclo. Sem necessariamente citar o nome de Jesus. Sem declamar trechos do Evangelho. Sem a cobrança de que o outro precisa viver uma fé nos mesmos moldes que a sua. Nunca registrei em minha vivência na Umbanda nenhum Caboclo cobrando por conversão ou Preto-Velho sugerindo para que fosse repetido tudo aquilo que ele fez por alguém. E isso na prática é que realmente são os valores do Cristo. Não é quem reproduz uma ideia, pois, na verdade, isso acaba sendo vazio de sentido. Não repercute. Só é valoroso e tem efetividade aquilo que acontece como transpiração. O que vem de dentro para fora e é orgânico.

A prática do que poderíamos ter como os ensinamentos do Cristo se desenvolve no ambiente de terreiro de forma natural. Não há necessidade de se palestrar sobre esse assunto. O exercício do amor cristão é a caridade efetiva das entidades, sem que isso seja registrado. O Preto-Velho atende, abençoa, abraça, acolhe e benze quantas pessoas passarem por ele no terreiro. Ao conversar, ele muda a vida do consulente. Sua egrégora é muito avançada, ele já transcendeu a reencarnação. Já saiu do ciclo. Volta para o terreiro em nossa realidade material porque, ao olhar para a humanidade, sente compaixão. Ninguém diz que ele deva ser bom ou que, ao fazer a caridade, ele irá evoluir. Apenas sente compaixão. Esse sentimento não tem motivo certo para acontecer. É uma questão de identificação com a dor alheia. Sente com o coração do outro. Por esse motivo, acaba se engajando porque também sabe que tem a sabedoria necessária para auxiliar naquela situação. Isso é amor na prática, ágape, o amor cristão. O Preto-Velho se desloca de uma realidade com um único objetivo: mudar uma realidade que nele dói. Faz isso por amor à humanidade. Não é amor a você ou a alguém em específico. É amor humanitário. É disso que Jesus falava. É disso que se trata a prática cristã.

A Umbanda revoluciona porque não exige que você faça algo. Nem mesmo pede para que você diga que é da Umbanda, que foi à Umbanda ou que sua vida mudou porque um dia conversou com um Preto-Velho. Sabe por quê? Porque essa postura apequena o ato legítimo do amor, quando há amor, não existe interesse. O Preto-Velho não tem um interesse egoico e isso se estende para todas as entidades. De Preto-Velho a Exu Mirim. O interesse desses espíritos está na felicidade daqueles indivíduos. Só é amor cristão quando o que se faz altera o percurso da vida de alguém, e é feito simplesmente pela felicidade do outro. Quando sua felicidade se dá pela realização do outro. Você não tira vantagem disso. Seu lucro é ver de longe os resultados positivos daquela ação. Nas relações humanas, conseguimos evidenciar um pouco disso no convívio de pais e filhos. O que a Umbanda ensina são esses valores, que só fazem sentido se existir a ação.

São esses ideais que, depois de 20 anos, assimilei na vivência, nos estudos e na liderança umbandista. É isso que considero ser transformador para a vida, além do terreiro.

Essa capacidade de ser a prática primeiro daquilo que surgirá como entendimento posterior, que transforma vidas, desperta consciências, é o grande Poder da Umbanda!

Com isso, desejo-lhe uma vida potente, liberta e cheia de propósito!

Saravá, Umbanda!

Rodrigo

<www.opoderdaumbanda.com.br>

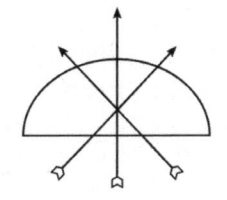

Epílogo

O fantasma da assepsia

O fantasma da assepsia nos ronda.

O fantasma da assepsia é frio.

O fantasma da assepsia é inquisidor.

O fantasma da assepsia é sabichão.

O fantasma da assepsia nos ronda e ele é patrulheiro.

Ele olha fcio quando você faz o sinal da cruz antes de entrar no terreiro, ele fita atentamente qual a cor da vela que você acende, tem a sensibilidade ferida quando seu Caboclo brada alto e chega pertinho para ouvir se seu Preto-Velho fala com sotaque. Agora, se o seu Exu bebe marafo, o fantasma da assepsia tem certeza: você não estudou o suficiente ou não é evoluído mesmo.

O fantasma da assepsia quer esvaziar o sentido das práticas antigas, dos ensinamentos dos mais velhos, das oferendas nos pontos de força, das mirongas difíceis na feitura. Quer amenizar a plasticidade das incorporações e eliminar toda dimensão simbólica de nossa magia.

Para bem longe de nossa Umbanda com esse fantasma! Para isso, não podemos cair no mesmo erro moderno que pretendeu dar conta da complexidade da vida por meio do discurso, esse iluminismo vulgar que está implantado dentro de nós aqui do Ocidente, essa pequena razão que nos limita e diminui nossa potência.

Para além da razão, para além de qualquer imagem, para além de qualquer nome. A imanência Divina é infinitamente maior do que qualquer conceito, que quaisquer religiões ou filosofias propuseram formular. Superamos nossa pequena razão em Ritos Sagrados, em estados de transe mediúnico, quando dançamos acima de nós mesmos e abandonamos o tempo profano, acessando um Tempo Sagrado. É desse estado de comunhão com Deus que nossa ancestralidade produziu as práticas e os rituais na Umbanda. Essas práticas mágico-religiosas sempre são a ponte de conexão, em primeiro lugar, com Deus e com os Sagrados Orixás, e delas vem a força das simbologias que emanam nos terreiros onde o Divino se manifesta. Por isso, a Umbanda é o contrafluxo. Se o fluxo de nossa sociedade atual é doente, neurótico e separatista, em nossas giras, vivenciamos a saúde, a potência e a integridade.

Há ainda umbandistas que não vislumbraram a Força do Divino em cada consulta, em cada passe, em cada mironga, e deixam o fantasma da assepsia se aproximar cada vez mais. Batamos cabeça aos que vieram antes de nós, saudemos seus altares, suas tronqueiras e suas coroas. Faço votos para que possamos afastar de vez esse fantasma, para então, com olhos e ouvidos serenos, entendermos os antigos ensinamentos, pontos cantados, práticas, mirongas e oferendas com suas múltiplas camadas simbólicas e sua imensurável sabedoria.

Axé,

Pedro Belluomini

MADRAS® Editora

Para mais informações sobre a Madras Editora,
sua história no mercado editorial
e seu catálogo de títulos publicados:

Entre e cadastre-se no site:

www.madras.com.br

Para mensagens, parcerias, sugestões e dúvidas, mande-nos um e-mail:

marketing@madras.com.br

SAIBA MAIS

Saiba mais sobre nossos lançamentos,
autores e eventos seguindo-nos no facebook e twitter:

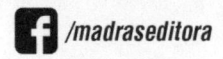

@madrased

/madraseditora